世界最高のコーチ

THE BEST COACH

Piotr Feliks Grzywacz
ピョートル・フェリクス・グジバチ 著

「個人の成長」を
「チームの成果」に変える
たった2つのマネジメントスキル

朝日新聞出版

はじめに——よきマネジャーが行うべきたった2つのこと

「よきマネジャーは、よきコーチである」——。

この本で僕が伝えたいことを一言で表すと、こうなります。

ここでいう**コーチとは、チームのメンバー一人ひとりの目標達成をサポートし、成長を促す存在（人）のこと**です。そして、その実現のための手法を、本書では「コーチング」と呼んでいます。

なぜ、マネジャーはよきコーチでなくてはならないのか？

それは、目まぐるしい現代のビジネス環境の変化に対応しながら、チームでより高い成果を上げていくには、チームのメンバー一人ひとりの成長が欠かせないからです。

2018年に書いた『世界最高のチーム』（朝日新聞出版）でも一部を紹介しましたが、マネジャーが最低限やるべきこととして次の5つがあると、僕は考えています。

①チームのミッション（ビジョンと戦略）を明確に決めること
②そのミッションに向かっていくプロセスを管理すること
③メンバーを育成すること
④チームのパフォーマンスを評価すること
⑤チームの「代表」として、必要なリソース（資源）を確保すること

これらのうち、③を実現するためによきコーチでなくてはならない、というのはわかりやすいでしょう。②も、単なる事務的なプロセス管理ではなく、チームのミッションに貢献しながら成長していってくれるように伴走することと捉えれば、コーチとしての側面がイメージできると思います。

①は、コーチが行うべき目標管理とも言えます。メンバーは、日々の業務に追われていると、長期的な目標でもあるミッションをつい忘れがちです。そこで、そのことを忘れないようサポートするのがマネジャー（コーチ）の仕事というわけです。

それに、どのようなミッションを掲げるかは、メンバーのモチベーションアップにも影響します。③を実現させるうえでも、コーチとして①は軽視できない重要な仕事と言えます。

④と⑤は、マネジャーはメンバー一人ひとりのコーチであると同時に、チーム全体の「監督」であり、経営メンバーの一人でもあるということ。

要するに、**チームのミッション達成とメンバー個人の成長を両立させ、個人の成長をチームの成果につなげて、会社全体にいい影響をもたらしていくことが、コーチとしてのマネジャーの役割であり、コーチングの目的**です。

◆　◆　◆　◆　◆

Googleの元コーチングディレクターで、デイビッド・ピーターソンさんという方がいます。僕も大好きな人で、尊敬しています。僕が接してきた中では、「世界トップのコーチ」の一人と言っても過言ではない人です。

彼はミネソタ大学でPh.D.（博士号）を取ったのち、全米にコーチングを広めたPDIという会社でコーチングディレクターになりました。Googleに入る前に、ずっとアメリカ中を回って経営者のコーチングをしていたエグゼクティブコーチングのプロフェッショナルです。

僕がGoogleにいた時、彼がある研修会で面白いことを言いました。僕自身のコーチング経験を振り返ってみてもすごく納得できる言葉です。それは「今まで経験した最高のコーチングセッションは？」という質問への答えでした。

「ある社長が部屋に入ってきたので私は挨拶した。そしてセッションが始まると、私は最後まで一言もしゃべらなかった。それが最高のセッションだった」

なぜこれが、最高のコーチングセッションなのか？　少しわかりにくいですね。

今はまだ、ピーターソンさんのことが〝魔法使い〟か何かのように感じられているかもしれません。でも、**コーチングでやるべきことは、大きく分けると、「問いかけ」と「フィードバック（働きかけ）」という、たった2つのスキルに絞り込まれます**。この2つを的確に組み合わせていくことによって、個人の成長を引き出し、それをチームの成果へと結びつけていくことが可能になります。

想像してみてください。あなたがマネジャーを務めるチームで、似たようなことが起こったとしたら？　つまり、あなたはただチームメンバーが話すことに耳を傾けているだけで、メンバーが自発的にやるべきことを見出し、チームの成果に積極的に貢献してくれるようになったとしたら？

これから、「どんなコーチになれば、そのような最高のチーム状態を実現できるのか？」を第1章から順に解説していきます。ちなみに、Googleが掲げている「評価の高いマネージャーに共通する10の行動様式」の1つ目は「良いコーチである」です。それだけ、マネジャーにとって、コーチングスキルが欠かせないということです。

本書が「よきマネジャー」になろうと日々戦っているみなさんの一助になれば幸いです。

2021年11月

ピョートル・フェリクス・グジバチ

世界最高のコーチ――「個人の成長」を「チームの成果」に変えるたった2つのマネジメントスキル　・目次・

第1章　よきマネジャーは、よきコーチである

第2章 共に成果を出していくための「問いかけ」

第3章 メンバーの成長を促す「フィードバック」

第4章 チームを成果まで導く「対話の仕組み」

第5章

チームを「ハイパフォーマー集団」に変える

第6章 コーチングがしにくい状況への対処法

編集協力　高橋和彦
装丁　竹内雄二
本文デザイン　秋澤祐磨（朝日新聞メディアプロダクション）

第1章
よきマネジャーは、よきコーチである

最高のコーチは「創造的な会話」を生み出す

コーチが挨拶以外に一言もしゃべらず終わったセッションが最高のコーチングであると、「はじめに」でお話ししました。

それは、**コーチが尋ねるまでもなく、コーチングの相手（クライアント）自身が「自分が何を目指すべきか（＝ゴール）」を理解していて、「そのゴールの実現に向けて何を優先して行えばいいか」という答えを見出し、「そのことによる他人への影響（アウトカム：outcome）」まで認識できている状態**です。そこまでに至るステップは次の４つに分けることができ、これらは**「コーチのサポートによって起こしたいクライアントの変化」**という捉え方もできます。

①自分と自分の状況を認識すること

②自分が置かれている環境を認識すること
③自分には選択肢があることを自覚すること
④選択したことに対する責任と自分が与える影響を考えること

さてここで、素朴な疑問がわいてくるはずです。
「自分で答えを出すことができるのであれば、コーチは必要ないのでは?」と。

コーチングの世界では、**コーチングを受ける人がコーチのサポートを積極的に受け入れるだけでなく、より適切な答えにたどり着くようにコーチからのサポートを積極的に求め、変わることができる状態のことを「コーチャブル」と表現します。**最高のコーチングセッションのクライアントは、まさにコーチャブル。要は、コーチャブルな人とのセッションであれば、必ずよいコーチングになります。

ただし、常にコーチャブルであり続けるというのは、口で言うほどには簡単ではありません。誰しも経験があることだと思いますが、調子がいい時もあれば、悪い時もある、というのが人間です。

それに私たち人間は、従来の習慣を維持しようとする側面を持ち合わせています。生物学の用語で、外部の環境が変化しても体温などを一定に保つ機能のことを「ホメオスタシス（homeostasis：恒常性）」と言いますが、心理的な安定を求める傾向も一種のホメオスタシスと言っていいと僕は思っています。

つまり、人間の「変わりたくない」という側面はあって当たり前なのです。変わってばかりでは不安定で、落ち着いた生活が送れなくなってしまいます。でも、だからといって、ずっと「変わりたくない」では、いつまでたっても成長しませんし、それこそ周りの環境の変化から取り残されてしまいます。

人間は、もともと「変わりたくない」存在でもあるけれども、生きていくには「変わらなくてはならない」存在でもある。**人間はそんな矛盾した存在だからこそ、「コーチ」のような存在が必要**なのです。

一番わかりやすいのは、スポーツ分野のコーチでしょう。選手が変化を受け入れ、成長し、よりよいプレーができるようになるのをサポートしています。たとえば、ゴルフやテニスなどの上手なコーチはすごく細かな修正点にも気づかせてくれます。ただ、そのような変化を促す役割を誰が担うのかは、文明や文化、時代によっても異なり、宗教の指導者やシャーマン（呪術者）などが担う場合もあります。

いずれにせよ、**相手のその時の状態に応じて、変わることを手伝い、目標の実現に向け**

たサポートを行い続けるのが「コーチ」の役割になります。要するにコーチングとは、「アウトプット」を管理することではなく、「プロセス」をサポートすることによって成果を出していく不断の営みと言えます。

そのためにコーチは、仕事の本質（その背景や仕組み、部門間の流れ、評価基準、社内政治、ビジネスモデルなど）を常に具現化、言語化して、各メンバーが最高のパフォーマンスを出せる状態を維持できるように、細やかにサポートし続けないといけないわけです。

無言で発するメッセージも大切にする

先ほどの最高のコーチングセッションのクライアントも、毎回のコーチングセッションが「挨拶のみ」ということは、まずあり得ないでしょう。

それに、「一言もしゃべらず終わった」と言いましたが、じつは、しゃべらなかっただけで、コーチのピーターソンさんは何も反応をしなかったわけではないはずです。「はずです」というのは、僕自身がその現場を目にしたわけではないからですが、僕の経験から言っても、コーチは「無言で発するメッセージ」というものも大切にしています。

たとえば、「どのようなタイミングでうなずくか」で、コーチが何を肯定的に捉えているかを相手に伝えることが可能です。

ピーターソンさんのコーチングセッションを受けに来た人は、ある意味、「確認」をしに来ているとも言えます。先ほど、積極的に変われる状態のことをコーチャブルと表現しましたが、「どのように変わればいいか」という複数の選択肢があった場合、どれにするか迷うというのは当然起こりえることです。そのような時にコーチに話を聞いてもらうわけです。

ピーターソンさんは、きっと相手の発言に興味津々で耳を傾け、その内容を確認しながら、時に笑顔で、時に真剣な面持ちで相手に接し、「対話」を通じて得た発見が相手の前向きなアクションにつながるように促していたに違いありません。

僕は、英語のダイアログ（dialogue）を意味する「対話」と、カンバセーション（conversation）を意味する「会話」を使い分けています。会話は、いわゆる日常的な会話と思ってもらえばオーケーです。一方、**お互いの理解を深め合うことで行動の変化（成果）を作り出していく「創造的な会話」という意味で、「対話」を使っています。**

コーチとしてのマネジャーに目指してほしいのは、「対話」のほうです。対話によって、建設的な変化を促したり、時には斬新なアイデアを見出したりしていくプロセスこそが、コーチングなのです。

創造的な会話はマネジャーの「問いかけ」から始まる

コーチングというと、1対1で行う個人に対する働きかけ（会話など）というイメージが一般的かもしれません。でも僕が、この本を通じてみなさんにお伝えしたいのは、複数のチームメンバーを率いるマネジャーが行うべき「チーム・コーチング」です。

マネジャーの役割とは、チームとして最大限のアウトプットを出すこと。そして、その役割を果たすために最も重要なのがメンバーとの「対話（創造的な会話）」です。

変化のスピードが速い現代においては、様々な試行錯誤を高速で回すことができるかどうかが、チームの成果に直結します。そして、そんな建設的な試行錯誤を実行できるチームには、メンバーによって絶えず繰り返される「対話」が欠かせません。

たとえば、あなたがサッカーのチームコーチだったとします。

ゲーム開始の直前、メンバーがいきなり「試合に出たくない」と言ってきた時、「ああ、そう」なんて、何の会話もなくスルーしてお休みを認めるでしょうか？

そんなわけがない。必ず「どうして試合に出たくないの？　理由を教えて」と尋ねるはずです。

あるいは、大事なパスを受け損ねたメンバーがいて、試合に負けた。そして、パスを出したメンバーが「あいつのせいだ」と文句を言ってきた時、チームコーチは「そのとおりだね」とスルーするでしょうか？

パスミスというのは、ボールを蹴った人とボールを受ける人、両方に責任があります。「コミュニケーションが足りない」「そもそも不適切な人にパスを出した」などの原因があり、どちらか一方の責任ということはあり得ない。パスを成功させるには、2人の協力が必要です。であれば、「パスがうまくつながるようにするには、お互いにどうすればよかったのか？」と尋ねる必要があります。

ビジネスチームも同じです。チームを率いるマネジャーは何か問題が発生したら、すぐにメンバーと話をして、その原因を見極めて問題を解決しなければいけない。そしてその対話は、多くの場合、マネジャーからの「問いかけ」によって始まります。

「質問」と「問いかけ」は異なる

ここであえて「質問」とせずに、「問いかけ」としたのには理由があります。僕の中で、「質問」は、情報を引き出し、確認、評価、意思決定するためのもの。一方、**「問いかけ」は、対話を促し、学習したり創造したりするためのもの**という違いがあります。**よきコーチは、効果的な「問いかけ」をして、相手の考えるレベルを引き上げていきます。**

たとえば、お客さんへの納期が決まっている提案書をチームで作成するような場合は、「質問」を使います。マネジャーがメンバーに「あなたは、いつ僕に第一案を見せてくれるの？」と尋ねる時には、マネジャーは既に納期から逆算した締め切り日という正解を持っています。また、メンバーも「今は別の仕事で忙しいけど、この日までならできる」といった、自分の状況から逆算した正解を持っているわけです。つまり、そういった情報を引き出し、お互いの正解にズレがないかなどを確認し、最終的に意思決定するための聞き方が「質問」なんです。

一方、「お客さんの期待を上回るには、どんな提案をすればいいかな？」などといった聞き方をするのが、「問いかけ」です。この場合、マネジャーもメンバーも、本当の意味での正解はわかりません。最終的に満足するかどうかはお客さんが判断することなので、マネジャーもメンバーも正解を持っていないわけです。だから、マネジャーとメンバーで対話を重ねて、お互い「これでいけるだろう」と納得するまでブラッシュアップするしかない。こういうお互いの学習や創造につながる聞き方が、僕の中では「問いかけ」になります。

実際に仕事を進めていく際には当然、「質問」も「問いかけ」も必要です。ただし、**コーチングを通して、メンバーの持つ力を引き出すには、「問いかけ」がより重要**になります。よきコーチとしてのマネジャーは、「問いかけ」から始まるメンバーとの対話を重ねることで、チームをよりよい結果を出せる状態へと導いていくということです。

この「問いかけ」の重要性については、第2章で詳しくお話しします。

的確な「フィードバック」で共通認識を作っていく

もちろん、マネジャーによるコーチングは、「問いかけ」をして終わりではありません。「問いかけ」と同時に、「フィードバック」も重要な意味を持ちます。

フィードバックは「評価や改善点などを伝え、相手の成長を促す振る舞い（働きかけ）」のことですが、「ストレートに指摘する」だけがフィードバックではありません。「依頼する」「問いかける」などもフィードバックの手法として使えます（第3章で改めてお話しします）。

基本的には、メンバーの話からキーワードをピックアップして整理したり、言い換えたりして、相手の話をまとめながら自らの考えも伝えることで、メンバーの気づきを促し、共通認識を作っていきます。単純な言い換えではなく、メタファー（たとえ話）を使って話をまとめることもできます。

たとえば、「〇〇さんが何を考えているかわからなくて、いろいろ困っています。もっと考えていることがわかったらいいんだけど、なかなかうまく話せなくて……」と、すごくもやもやしているメンバーに対する話題のまとめ方。

「じゃあ、あなたは〇〇さんのことがわからないから、もっと知りたいんですね？」とフィードバックする。これは端的な整理ですが、整理すると同時に「私はこう理解した」という自らの考えの提示にもなっているわけです。

言い換えるなら、「じゃあ、あなたは〇〇さんについて知識がない。だからもっと知識を得る会話が必要ということですね？」といった言い方になる。

メタファーを使うと、「じゃあ、あなたにとって〇〇さんはミステリーですね」という言い換えもできます。

相手の話を整理したり言い換えたりして、できるだけ簡潔にフィードバックすることによって、相手は「あっ、そうそう」と、話題に関するイメージがクリアになるんです。

「経験」がなくてもコーチングできる

問いかけとフィードバックを駆使するコーチングは、同じ経験をした先輩が「経験者」としていろいろ教える「メンタリング」とは異なり、経験者であったり先輩であったりする必要はなく、未経験者でも後輩でもできます。

たとえば、明日から全然やったことがないアプリ開発のチームマネジャーになったとしても、コーチングができるわけです。相手がアプリ作りのノウハウを十分に知っているメンバーなのであれば、「ユーザー目線でどんな機能が必要だと思う?」といった問いかけをすることができます(スキルコーチング：94ページ参照)。技術的なことで何か問題が起こった時でも、「社内のIT部門に相談してみるのはどうですか?」とか「業務委託でソフトウェア会社に頼んでみるのはどうですか?」とか、解決のためのアクションにつながる問いかけができるはずです(タスクコーチング：94ページ参照)。

メンタリングであれば、「そういう時には、こういうプログラミングツールを使って、こういう言語で作ったほうがいい」というメンターの経験を交えたティーチング（教える）に近い会話で、相手は答えを知ります。

ただ、コーチングでも「どんなプログラミングツールが必要ですか?」「どんな言語で作ればいいと思いますか?」「候補が2つあります。あなたはどちらにしたいですか?」といった問いかけで、相手の気づきを促したり、考えを整理したりして、同じ答えにたどり着くことができるわけです。

「押しつけ」はコーチングではない

もちろん、異なる答えにたどり着くかもしれないし、場合によってはメンタリングが適切なこともあるでしょう。

たとえば、ベストセラーになった『1兆ドルコーチ』（エリック・シュミットほか著、ダイヤモンド社）で紹介されたように、有名なエグゼクティブコーチのビル・キャンベルはメンタリングもしていました。本人が経営者の経験があるので、自分がやらかした失敗話などもスティーブ・ジョブズといった人たちへのコーチングに使っていたわけです。

ただ一方で、すごく仕事の経験があるけれども、コーチングができない人もいます。それは自分の経験を相手に「押しつける」から。「こうすればいいのに、何でそんなに悩んでるの？」とか「自分だったら絶対こうする！」とか、そういう言い方だと相手は自分が否定されたと感じて、なかなか受け入れないでしょう。

つまり、メンタリングをコーチングに用いる際には、経験の伝え方に特に注意が必要ということです。

たとえば今、僕がマネジャーをコーチングする立場で、そのマネジャーが完全に自分のチームメンバーに振り回されていると感じたら、あえて「完全に振り回されていますね」とストレートに現状についてフィードバックして、ビル・キャンベルのように、何か自分の失敗話も伝えて、気づきを促すと思います。こういうメンタリング的なフィードバックも立派なコーチングです。

ただし、押しつけない。**メンバーがパフォーマンスを出し続けるためには「自分で答えを見つける」ことが大事なポイントになります。**そのためには頭を整理しなければならない。それを対話によってサポートするのがコーチングです。だから、経験の有無を問わず、マネジャーによるコーチングが不可欠なのです。

「人に優しく、結果に厳しく」がコーチングの基本

よいコーチングを行うための心構えを整理しておきましょう。

コーチングの一番大きな土台は、「好奇心を持って集中する」ということです。僕が主催するセミナーなどでも、必ず最初に2つのお願いをします。ひとつは「好奇心を持ってください」、もうひとつは「集中してください」。そうじゃないと、質疑応答やワークショップで、いい対話ができないからです。

そして、「決めつけない（前提を作らない）で対話に入る」ことが重要です。もちろんビジネスの現場においては、「この人は素晴らしいパフォーマンスを出した。あの人は出せなかった」という評価の部分について、ある程度の前提が必要です。つまり、チームや経営層の基準（前提）に照らし合わせて、メンバーのパフォーマンスを評価していかなくてはなりません。

ただし、アンダーパフォーマー（パフォーマンスが基準を下回った人）は、「能力が低い人」ではありません。**コーチングの対話では、「基準に達していないから悪い」と決め**

つけるのではなく、まずはそのメンバーがどういう状況になっていて、何がボトルネックになっているかという「現状認識」から入ることが大事です。

コーチングする時には、「何をすべきか、本当にわかっているのか」とか「スキルがあるのか」とか「人間関係や健康、家族は大丈夫なのか」とか、いろいろ確かめるべきボトルネックがあるわけです。ボトルネックを見つけるコーチング（対話）のプロセスについては、第4章（153ページ）で「パフォーマンスパイプライン」というフレームワークを使って詳しく説明しますが、「人に優しく、結果に厳しく」がコーチングする際の基本姿勢です。

要は、メンバーに対して好奇心を持って「今どういう状態なの？」と尋ねる。「楽しんでいる」とか「全く不満がない」といった答えが返ってきても、「それ本当？」といい意味で疑って、あれこれ対話する。その瞬間に集中して、今の表現の裏の意図とか裏の気持ち、さらにその奥にある気持ちのもと、いわゆる「深層心理」まで探ることが大事なのです。

たとえば、アンダーパフォーマーがすごく反抗的な話し方をしている時には、「何でこんなに反抗的になっているんだろう？」と考えながら対話する。自信のなさが影響しているのかなと感じたら、「○○さんて、何か自信がない感じがするけど、何か最近ありましたか？」と尋ねてみる。すると、「じつはこの間、ショックな出来事があって」と答えが出てくるかもしれません。

相手が怒った時は、その人の価値観を知るチャンス

もちろん、オフィスはカウンセリングやセラピー（心理療法）の場ではありません。ただ、メンバーの深層心理がわかれば、「だったら、こうしたらいいんじゃない？」という、また別の対話が可能になります

だから、**心の中に本人も気づいていない何かが眠っているということを前提にして、建設的に相手の真意を探ったほうがいい**んです。

たとえば、それまで楽しそうに対話していたのに、急にすごく感情的になるとか、意外な反応が出た時には、知らぬ間に深層心理の何かに触ったと考えたほうがいい。

それはほとんどの場合、その人の価値観――本人が本当に大切にしている、正しいと思っている信念――にかかわる事柄ですが、その人自身がまだ気づいてないことが多くて、対話の中で急に「嫌だ」という感情がわいて、初めて自分で気づいたりします。

だから、言葉づかいに気をつけながらも、できるだけ率直に話したほうがいいとも言え

ます。

じつは、メンバーが怒った時は、その人の価値観を知るチャンスでもあります。そこで、マネジャーが「あなたはこれを大切にしているんじゃないの？」と、本人にとっての大事な気づきを与えられれば、間違いなく信頼感が増します。すると、チームの「仲間」として「共に結果を出していく存在」になっていけるんですね。

話の中に潜む「認知バイアス」に気をつける

コーチングでは、話の中に潜む「認知バイアス」に気づくことが大事になります。人間がスタックする（停滞して動けなくなる）大きな原因となっているのが、認知バイアスだからです。**認知バイアスとは、物事を過度に一般化したり省略したりして認識する心理状態のこと**です。「自分はこういうタイプだ」「あいつは嫌なやつだ」などという思い込みも認知バイアスです。

マネジャーは、メンバーがスタックしないように、あるいはスタック状態から抜け出せるようにコーチングしなければいけません。だから、ちゃんと相手の認知バイアスを解除できるように対話することが大事になります。

主な認知バイアスへの対処法については第2章（61ページ）と第3章（117ページ）でお話ししますが、たとえば、飲み屋でのこんなやり取りにも認知バイアスは潜んでいます。

「もうこの会社、嫌ですよ。部長もうざいし」
「そうだよな、俺も嫌だ。給料も安いし」
「でも、我慢するしかないですよね？」
「まあ、きついけど、一緒に我慢しようぜ」

こういう会話は、コーチングとは真逆です。「部長はうざい」「我慢するしかない」という お互いの思い込み（認知バイアス）を強調し合っていて、非建設的な会話です。

建設的で創造的な会話にしていくには、まず具体的に今の状況や嫌な理由を聞き出して、前向きなアクションにつなげていかなくてはなりません。

マネジャーによるコーチングは、適切な対話によって、メンバーが期待されている結果にたどり着くプロセスを「短縮」する技術とも言えます。たとえば、「私は全然できない」とか「私はこういう時にダメ」とか「私にはもう無理」とか、そういう認知バイアスをコーチングで解除してあげるわけです。すると、「じゃあ、やってみる」と自己肯定感を持って、前向きに動けるようになります。

もちろん、認知バイアスを完全に解除するのは、不可能に近いと思います。どんなに自分を客観視できる人でも、感情的になっている時には、一度思い込んだことからなかなか抜け出せないものです。

ただ、「誰にでも認知バイアスがある」と理解しておくだけでも、相手が言っていることは本当に言いたいことなのか、何でこんなことを言ったのか、それはどこから出てきたのかなどと、物事を客観視して考えられるようになります。こういう視点がコーチングには必須です。

自分で「ゴール設定」ができるメンバーを育てる

メンバーの「前向きなアクション」を生み出していくには、適切な「ゴール設定」が欠かせません。また、**チームで成果を上げていくには、メンバー個人のゴールのほかに、チーム全体のゴールに対する認識の共有も不可欠**です。

どんな会社にも「このチームはこういうパフォーマンスを出す。だから、メンバーはこういうパフォーマンスを出す」という細分化された目標があるはずです。

営業チームのごくシンプルな目標であれば、今期の売り上げ目標や個人のノルマなどと表現されていることでしょう。いわゆるＫＰＩ（業績評価を定量的に評価するための指標）で、たとえば「去年は１００個売れたんだから、今年は２００個を目標にしろ」と命令形で言われます。場合によっては正しいやり方だと思います。そうしないと会社がつぶれるなら、２００個売らざるを得ないでしょう。

どのような目標であれ、まずは、それらをメンバー全員が本当に理解しているか、きちんと確認したうえで伝えることが、マネジャーの大事な役割になります。

それに加えて、その目標に意義を感じさせることがすごく大事です。意味のないことに意義を感じるというのは不可能に近いですよね。わけのわからないプロジェクトだったら、それに前向きに取り組むなんて拷問に近いわけです。

なので、適切な「問いかけ」と「フィードバック」を組み合わせる――つまり、コーチングすることで、それぞれのメンバーが担うゴールに意義を感じさせるのも、マネジャーの重要な仕事になります。

「問いかけとフィードバックの組み合わせ方（対話の仕組み）」については第4章で詳しくお話ししますが、少なくとも、同じゴールを伝えるにしても、単なる数値目標として伝えるのか、その背後にある意義を伝えるのかで、メンバーの仕事に対するパフォーマンスは全く異なってきます。自分の仕事の意味や社会貢献の部分をしっかりわかって、それに向き合って懸命にやっていく。それがとても大事です。

メンバーと共にゴール設定を行っていく仕組み

有名なビジネス寓話があります。3人のレンガ職人に「何をしているんですか？」と尋ねたら、1人目は「レンガ積みに決まっているだろ」、2人目は「この仕事のおかげで俺は家族を養っていける」、3人目が「歴史に残る偉大な大聖堂を造っている」と答えた。要は、3人目が一番、自分の仕事に意義を感じているということです。

会社のミッションやビジョン、つまり会社の大きな目的や大きな目標が正しいものだと共感しているメンバーのほうが常に「仕事をしたい」と思ってくれるので、パフォーマンスが上がりやすいという話です。

そして、このパフォーマンスが上がりやすいゴール設定を行う方策として、僕がおすすめしているのが「OKR」です。僕が代表を務めるプロノイア・グループ（以下、当社）は、OKR導入のサポートやコンサルティングをしているだけでなく、自分たちもOKRを使っています。

OKRは、「objective and key results（目標と主要な結果）」の略語で、メンバーと共にゴール設定を行っていく仕組みのことです。達成すべき目標と、目標達成に至るまでの道標（マイルストーン）となる途中の主要な成果を各メンバーと一緒に一つひとつ確認しながら決めていきます。

「メンバー自身で自らのゴール設定を行ってもらえるようになる」ことは、コーチとしてのマネジャーの最終的なゴールのひとつと言えます。そのためにどうすればいいかは、第5章で詳しくお話しします。

なお、OKRについては、『成長企業はなぜ、OKRを使うのか？』（ソシム）という本で詳しく書きました。本書に書かれていること以上のことを知りたい方は、そちらも参考にしてみてください。

「コーチャブルな態度を育む」こともコーチング

「コーチャブルな態度を育む」というのも、コーチングする時の大事な視点になります。

コーチャブルになれるかどうかは、その人が「グロース・マインドセット（growth mindset：成長思考）」の持ち主か、反対の「フィックスト・マインドセット（fixed mindset：硬直思考）」の持ち主かによって、かなり影響されます。このグロース・マインドセットの人は、「人間は成長できる」「成長するプロセスが大事だ」「自分は変われるんだ」という認識を持っています。

それとは逆に、「自分はこういう人なんだ」という硬直した認識を持っているのが、フィックスト・マインドセットの持ち主です。たとえば仕事で、マネジャーから「こうしたほうがいいんじゃない？」と言われても、「私はこういうツールで、こういうふうにしたいんです」と、決して自分のやり方を変えようとしない。34ページでお話しした表現を使えば、強固な「認知バイアス」を持っている人とも言えます。

前者がコーチャブルであることは言うまでもないでしょう。マネジャーの「こうしたら？」という提案は、いわば成長を促すフィードバックです。だから、グロース・マインドセットの持ち主は「それよさそうですね、ちょっとやってみます！」と前向きにトライします。

要は、「人間は成長できるんだよね、変われるんだよね」という認識が、コーチャブルな態度なんですね。つまりコーチングは、マネジャーとメンバーがお互いにグロース・マインドセットを持っていないとうまくいかないわけです。

さて、フィックスト・マインドセットをグロース・マインドセットに変えることはできるのか。もちろん、僕はできると思っています（ただし、メンタルヘルスが原因の場合はマネジャーではなく、精神科医やカウンセラーなど専門家の出番になるでしょう）。

どんな小さな変化でもいいので、「あっ、自分にはこういう面もあったんだ」という気づきを促し、一緒になって積み上げていく。マネジャーがそのような姿勢で臨むことが重要です。その気づきが「人間は変われるんだよね」という認識のスタートになります。

人間の成長にとって、そうした気づきの積み重ねはすごく大事なプロセスです。要するに、**「成長につながる気づきを対話によって与える」のがコーチング**というわけです。

ただし、現実問題として、どうしてもコーチャブルになってくれない人（アンコーチャブルな人）も世の中にはいます。そのような場合にどうすればいいかは、マネジャーにとって切実な問題だと思います。そのような困った状況への対処法は、第6章でお話しします。

第2章
共に成果を出していくための「問いかけ」

いい問いかけは「相手の視点を知る」ことによって生まれる

前章で「創造的な会話はマネジャーの『問いかけ』から始まる」という話をしましたが、いい「問いかけ」をするために行うべきことがあります。いわば、いい問いかけをするための準備作業です。

まず確認しておきたいのは、メンバーの成長をサポートするという、コーチとしての役割です。**メンバーごとの夢を知り、その障害を除去し、新しい行動や能力、信念を獲得していく学びをサポートし、メンバーの成長をチームの成果につなげていこうとする姿勢が、いい「問いかけ」につながります。**

前章でもお話ししたように、「問いかけ」は対話を促し、学習したり創造したりするためのものです。そして、よきコーチは、効果的な「問いかけ」をして、相手の考えるレベルを引き上げていきます。

そこで必要になるのが、相手を全人的に理解しようとする姿勢です。**相手の立場に立った自分自身を想像し、そこから考えられるニーズや問題、不安などに思いを巡らし、相手の現状を知ろうと努めることが、スタート地点になります。**

そのようにして、相手の視点で世界を眺めてみるというのは、とても重要なポイントです。**いい問いかけをするには、相手の視点（意図と状況）を知ることが欠かせません。**相手の現状を深く知ることで初めて、「相手をもっとサポートするには何が必要か？」を深く考えることも可能になります。

相手の話に積極的に耳を傾ける

どのような「問いかけ」をするかは、何を「聞く」かによっても左右されます。コーチングでは、相手の話に積極的に耳を傾けることも重要です。

そのような積極的に聞く姿勢を「アクティブ・リスニング」と呼びます。ポイントは次の3つです。

- **話し手の話に完全に耳を傾ける**
- **聞いたことを自分の言葉で言い換える**
- **話し手が言おうとしていることに対して判断を下さず、理解しようとする**

私たちは、誰かの話を聞いた時、すぐに話がわかったと思い込んで、「聞く」から「返答」へと急ぎがちです。返答には、「問いかけ」も含まれますが、つまり、自分の意見を言ってしまうということです。

じつは、**「聞く」と「返答」の間には、「解釈」と「評価」というプロセスが存在しています。このプロセスのことを、僕は「対話（創造的な会話）」と呼んでいます。**対話のスキルのチェックリストを図表1で紹介していますが、これらのポイントを心がけることで対話がより創造的なものになります。

要は、まず落ち着いて相手の話を聞いて、いちいち自分の言葉にして相手に確かめながら、相手の話に対する理解を深めていくというのが「対話」という作業です。

たとえば、「あの書類、いつできるの?」「明日でいいですか?」「普通30分でできるよ、

図表1　いい対話に欠かせない4つのスキルをチェックしよう

①聞くスキル	③評価スキル
1.話し手に集中し、ほかに気を取られることはないか？ 2.話し手の立場、意見を尊重しているか？ 3.わからないことがあれば確認をするようにしているか？ 4.言葉の裏にある感情も理解しようとしているか？ 5.相手の言うことを注意深く聴き、内容を記憶しているか？	1.返答する前に全ての情報を事実に基づいて分析しているか？ 2.急いで結論づけることをしていないか？ 3.不足している情報については尋ねるようにしているか？ 4.人ではなく、事柄を評価しているか？ 5.相手に同意できない場合は、それを丁寧に伝えているか？
②解釈スキル	**④返答スキル**
1.不明確な言葉があると確認し、説明を求めているか？ 2.相手の声のトーンに注意を払っているか？ 3.相手の表情やしぐさに注意を払っているか？ 4.相手の言っていることと表情やしぐさが一致しているかどうかがわかるか？ 5.自分の認知バイアスに邪魔されることなく解釈しているか？	1.相手の話に興味を持っていることを示せているか？ 2.自分の返答に対して責任を持てているか？ 3.言いたいことを明確にし、整理してから伝えているか？ 4.相手に伝わるまで繰り返し伝えているか？

すぐやって」「でも……」「言い訳は聞きたくない、今やって！」という会話。これでは相手の話を聞いたことになりません。「普通30分」などと主観的な見立てを理由にして、「すぐやって」「今やって」と、いきなり返答＝自分の意見にジャンプしているわけです。

そうではなくて、「明日でいいですか？」「今日はできないの？」「はい、今、別の書類をやっているので」「その書類は今日中なの？」「いえ、明日までです」「それならよかった。あの書類は今日中に必要だから、先にやってほしい。30分でできると思うから、その後で今やっている書類に戻ればいいんじゃない？」「わかりました。それなら大丈夫です」というのが、相手の視点をふまえた「対話」です。**まず聞いて、言い換えて確かめて、自分の意見を言うなら最後にする。**これならお互いの意図と状況のつながりが見えて、相手も納得しやすいわけです。

対話のエネルギーを一致させる

マネジャーがメンバーと対話する時には、話すスピードとか声のトーンとか話の量とかをできるだけメンバーに合わせたほうがいい。これがスムーズに対話を進めるコツです。

たとえば、外向的な人と内向的な人とでは話の量がすごく違います。加えて内向的な人は、速いスピードにストレスを感じる可能性が高い。逆に外交的な人は、スピードを速めて超元気な話し方にしたほうが話しやすい。それぞれに合わせて変えないと、言いたいことも言えない、聞きたいことも聞けないでしょう。

だから、まず好奇心を持って集中して相手を観察することが大事になります。性格の傾向だけではなく、その時の状態も見なきゃいけない。要するに、大事なのは「対話のエネルギーを一致させる」ということです。極端な話、すごく相手が落ち込んでいて黙っているのであれば、相手に合わせて何もしゃべらないほうがいい。

ただし、全部合わせてしまうのもよくない。**マネジャーは「この対話のゴールはどこか」というのをしっかり見極めないといけません。**

落ち込んでいるメンバーに対しては、「とりあえず今日は聞いてあげよう」とか「その人が安心して話せる場を作ってあげよう」というのがゴールになるかもしれない。でもその対話の中で、ある課題について何か結論を出さなければいけないというケースもあります。そういう時には、どういうふうにその両方のゴールに持っていくかを考えて対話すべきでしょう。

たとえば、「今日は落ち込んでいるんですね。じゃあ、とりあえず今日はこれだけ答えてください」とか「わかる、わかる。もやもやして失敗しちゃったんだね。じゃあ、次回のミーティングではこの課題に集中しませんか？」とか、ちょっと対話のエネルギーを高めて、対話を終わらせることが大事になるわけです。

モチベーションが下がった時ほど、丁寧な対話が必要

この対話のエネルギーの高低は、メンバーのモチベーションに影響します。アメリカの

有名な格言に「凡庸な教師はただしゃべる。よい教師は説明する。優れた教師は自らやってみせる。そして、偉大な教師は心に火をつける」というものがありますが、「教師」を「コーチ」に置き換えて、コーチのための格言と言っても全く差し支えないと思います。コーチとしてのマネジャーには、メンバーのモチベーションの維持につながる対話が常に求められるわけです。

日本の場合、モチベーションが下がる原因で最も多いのは仕事上の人間関係でしょうが、仕事の量や内容もあるし、本人のプライベートの状況もあります。「疲れている」とか「病気になって体が痛い」とか、健康が原因になっているケースもあり得る。私生活でも、子どもの世話や親の介護、パートナーとの関係など、いろいろなことがモチベーションに影響します。つまり、メンバーのモチベーションが下がっている時には、マネジャーはいろいろな可能性を丁寧に見ておく必要があるということです。

だから、メンバーの今の状態をちゃんと見極める対話を高頻度で行うことがとても大事。この高頻度な対話がまさに「心理的安全性」を作る、信頼を作るという営みなんです。

心理的安全性とは、「リスクのある行動を取って、仮に失敗したとしても、このチームなら馬鹿にされたり罰せられたりしない」と信じられるかどうかを意味します。心理的安全性が高いと、メンバーとマネジャーの信頼関係は深まるし、モチベーションの維持につながる対話がどんどんできるわけです。

たとえば、あるプロジェクトについて話し合う時でも、本題に入る前に「今、何か気になっていることはありませんか？　仕事以外のことでも大丈夫ですよ」と問いかけるようにします。そうすることで、メンバーが「来月子どもが生まれるんだけど、妻の体調があんまりよくないので、すごく心配している。だから、ここまで企画を立てたんだけど、今このプロジェクトは自分の中で優先順位が低いんだ」などと、率直に言ってもらえるようにマネジャーは促すべきです。そして、「だったら、子どもが生まれてちょっと落ち着いてからプロジェクトに戻りましょう」という対話をすれば、メンバーの「やる気」は全然変わってきます。

そういう対話がないと、「プロジェクトをやるって約束したのに、ちゃんと会議に出てくれないし、内容もブラッシュアップしないし、何でやる気がないんだ？　あいつはダメだ」で終わってしまいます。

要するに、**ちゃんと相手の「意図と状況」をわかっていれば建設的に話ができる**んですね。たとえば、「一緒に仕事ができることを楽しみにしていたのだけれど、そういう状況なのであれば、今回のプロジェクトに関しては別の人に頼んだほうがいいかもしれないね」というような話もできるでしょう。これは、単に「タイミングが合わない」ということを確認しているだけでなく、じつはモチベーションの維持につながる対話にもなっているということです。

「思いやり」の対話でラポールを構築して、望ましい結果を出す

効果的にコーチングを行うには、まずは相手と「よい関係」、つまり「ラポール」(rapport：共感に基づく信頼関係) を築くことが大切です。これが心理的安全性を育み、よい結果を生み出す土台になるからです。

マネジャーがメンバーとの間にラポールを築くためには、次の3つが不可欠です。

①自分ではなく相手にフォーカスする
②相手の言うことに興味を持つ
③思いやりを示す（相手の観点から物事を見ようとする）

これらは、先に述べた言葉で言えば、「好奇心を持って集中する」と「人に優しく」に

相当します。

ラポールのつくり方は、外向的な人と内向的な人とではアプローチが異なります。

外向的なマネジャーは、前払いでメンバーとの関係性を深めます。たとえば、一緒にプロジェクトを始める時。最初に「みんなで楽しもうよ」とか「一緒に飲みに行こうよ」とか誘ったりして、先に相手を巻き込んでいきます。

内向的なマネジャーは後払いで関係性を深めていく。いきなり飲みに行くということはなく、一緒に仕事をしてみて、アウトプットが出てから誘います。

でも、外向的な人でも内向的な人でも、結局は一緒に働いてみて、相手がパフォーマンスを出さなければ信用しなくなる。外向的な人は「仲よくなったけど、やってくれなかったんだ」という結果が出るとマイナス評価。内向的な人は「ここまでしかできない人だったんだね。そもそもちょっと疑ってたけど」と、評価なしのままになるわけです。どちらも「もう信用できない、一緒に働きたくない」となることに変わりはありません。

期待や約束と結果との間のギャップがポジティブで大きければ大きいほど、信頼感は増します。だから「すてき、これやってくれたんだ」とか「うわあ、びっくりした。これできるんだ。私にはとてもできないよ」といった対話があると、すごくいいチームになるし、マネジャーとメンバーはいい関係性になります。

逆に、そのギャップがネガティブなほうに開くほど話をするのがきつくなる。「えっ、まだやってないの？」とか「いつまでやっているの？」とか、ネガティブなフィードバックが多くなると、メンバーは「人格否定されている」と感じて、どんどん萎縮して結果を出せなくなります。すると、マネジャーのその人に対する評価もどんどん下がっていくわけです。

要するに、**ラポールづくりのプロセスには、「信用の好循環」と「不信の悪循環」があるということ。**つまり、仕事は信用があるからこそ任せられる。その信用はお互いがちゃんと自分の役割を果たして、「ああ、いいことやってくれたんだ」と思えるからこそ育まれる。そのために、マネジャーもメンバーも落ち着いて対話しないといけないというわけです。

相手の感情に反応しないで落ち着いて受け入れる

「相手をそのまま受け入れる」というのは、ラポールを構築するうえで求められる大事な

心構えです。アメリカの心理学者、カール・ロジャーズの言葉を借りれば、「無条件の肯定的関心（unconditional positive regard）」です。つまり、相手の話を聞く際に、善悪や好き嫌いといった評価をせずに、相手がそう考えるようになった背景に肯定的な関心を持つということです。

なので、相手が感情的だから自分も感情的になるというのはダメなんです。相手が感情的だからこそ自分は落ち着かなければいけない。攻撃的な相手に対しても、反撃しないで、相手の理解に徹するわけです。

人によっては弱い態度に見えるでしょうが、僕は全然弱いとは思いません。相手が攻撃してきたら反撃しなきゃならないとか、ケンカを売られたら買わなきゃいけないとか、どっちが強いか見せ合うとか、そういう必要は全くありません。

逆に、**ケンカは価値観を共有する機会**です。相手に愚痴を言われた時は、それを依頼にして言い換えると、とても効果的。愚痴やクレームは相手が大切にしていることの表現です。たとえば、「何でいつも遅刻するの！」と文句を言われたら、「すみません。時間通りに来てほしいということですね。承知しました」と返す。

人間は疲れた時や余裕がない時に反射的に対応してしまいがちですが、感情的に話をした後には必ず後悔します。そんな無駄な時間を減らすためにも、まずは相手の感情に反応しないで落ち着いて受け入れる。ただ、僕もそうですが、それをゼロにすることはなかなかできません。

でも、できるだけゼロに近づけるように、自分自身の相手に対する感情を事前に確認しておいたり（第3章［107ページ］で解説します）、自分だけが感情的になっていると気がついた時には冷静な相手の声のトーンに合わせてみたりと、そういう対話のテクニックも使って対処していくわけです。

何も難しく考える必要はありません。**ちょっとした気づかいでラポールは構築できます。**

たとえば、Zoom会議に遅刻した相手が「待たせてしまってすいません。あと3分だけ休憩をお願いします。ちょっとコーヒーとチョコレートでリフレッシュしたいので」と言ってきた時。「時間がないからやりましょう」と突き放したら、おそらく相手はイライラする。その時に「コーヒーとチョコレート、いいですね。じゃあ、3分後に始めましょう」と答えたら。それだけでかなりエンパシー（empathy：共感）が生まれるはずです。

そして、ダメと言われて話をした時とは全然違う、前向きでいい結果が生み出されるでしょう。その結果を引き出したのは、じつはたった3分間の気づかい、相手のことを理解しようとする姿勢なんです。

問いかけで「認知バイアス」を解除する

コーチングの目的のひとつに、第1章でもお話しした「認知バイアス」の解除があります。少し詳しく認知バイアスについて説明しながら、それを解除する対話術（問いかけ）を紹介しておきましょう（フィードバックで解除する方法については第3章「117ページ」で紹介します）。

認知バイアスは、主に「①省略、②一般化、③歪曲」という思考パターンによってもたらされます。この3つの要素は、人間が物事を理解するうえでとても大事なプロセスでもあるのですが、それが個人の認知に偏りを生む原因にもなっています。つまり、どんな人にでも必ず認知バイアスがあるというわけです（認知バイアスの影響を受けているかどうかは、図表2の質問に答えることで確認できます）。

①の省略とは、何がどうなっているのか、何と比べてどう違うのかといった具体的な情

図表2 **認知バイアスをチェックしよう**

1.「〜すべき」思考に陥っていませんか？
2. 行き過ぎた一般化をしていませんか？
3. プラスもしくはマイナスのフィルターがかかっていませんか？
4. 結論への飛躍が起こっていませんか？
5. 過大/過小解釈をしていませんか？
6. 個人化していませんか？
7. 常に自分が正しいと思い込んでいませんか？
8. 批判ばかりになっていませんか？
9. 他者を自分に協力させるために禁じ手を使っていないですか？
10.不正なことで尋常でない怒りを感じることはありませんか？

※「はい」の数が多いほど、より大きな認知バイアスの影響を受けている。

報が抜け落ちている状態です。

たとえば、「○○さんって、すごいですね」「そうそう、すごいよね」という会話。いわゆるほめ言葉なので、何の問題もないように思うかもしれない。けれども「どこがすごい」とか「××さんと比べて」とか、そういう具体的な情報が何もありません。そういうフィードバックは、本当は全く意味がないんですね。逆もそう。「○○さんって、嫌だよね」「そうそう、私も嫌い」で終わる会話。「具体的に何がどう嫌いなのか」は何も言っていない。これも全く意味がないわけです。

そうではなく、「もうこの会社はダメ」とメンバーが言ったら、「具体的に何がダメなんですか？」とか「この会社のどこに満足していないんですか？」とか「何があれば満足してくれますか？」とか、省略されている具体的な情報を聞き出す対話を始める。これがコーチングです。

何も難しくありません。たとえば「このレストランは接客態度がなってない！」とお客さんが文句を言った時に、店員は「何が悪かったのか」や「どのようなことに不満を感じたのか」を確認するでしょう。コーチングもこれと同じです。

②の一般化の認知バイアスでは、「いつも」「絶対」「全部」「何度も」「一度も」「みんな」など、曖昧で極端な言葉が使われます。

たとえば、メンバーが「○○さんに何度聞いても、答えてくれないんだ」と不満を言った時には、「何度もって何回聞いたんですか？」と曖昧さをなくす問いかけをします。逆に、「××さんはいつもいっぱい聞いてきて、疲れるんだ」という場合も同じ。「いつもってどれくらい？　いっぱいってどれくらい？　どんな質問されるの？」と尋ねる。すると一般化が解除されて、次からは具体的な回数とか内容を話すようになります。

③の歪曲とは、相関関係が不明な状態です。たとえば、「このチームに○○さんが来て、みんなのモチベーションが下がった」というのは、よくありがちな言い方でしょう。この

論法は「雨男・雨女」とよく似ています。「その人がいると雨が降る」といくら言っても、そもそも人間と天気には相関関係がないわけです（地球温暖化とかの話になると別ですが）。つまり、モチベーションが下がった原因は、○○さんの存在そのものではなく、ほかに具体的な問題があるんです。

なので、そういう話が出た時には、マネジャーは「どんな問題があったの？　具体的に教えて」と、○○さんではなく、問題そのものを整理するように促さないといけません。

人間の発言の後ろには、こういった細かい認知バイアスがいろいろあります。その認知バイアスを解除するのがマネジャーの行うべきコーチングというわけです。

メンバーから「もう私はこのプロジェクト、嫌だ」とか「私はモチベーションが上がらない」とか「私は○○さんに期待できない」とか、もやもやした不満を言われた時、マネジャーがそれに吸い込まれてしまうと、自分の時間もチームの時間も無駄にしてしまいます。

ただ漠然と「嫌だ」と言われただけで、「わかった。じゃあ、あなたのために機会を作ります」というのはよくないし、「私も嫌だ」と同調して、お互いにわーっと感情的な話に終始するのもよくありません。

「挑発」で認知バイアスを解除する

僕はこれらの認知バイアスを解除するために、場合によっては「挑発」します。

たとえば、当社のメンバーが「もうピョーさん、聞いて。私はこのチームが信用できなくなって、働く気がしなくなった。モチベーションが下がったんです」と言ってきたとします（当社では、心理的安全性を高める意味で、お互いのことをニックネームで呼び合っています）。そしたら僕は「わかりました。じゃあ、いつ辞めるの？　退職手続きに進みましょうか？」と尋ねます。

その人は「辞める」とは言ってない。でも、あえて挑発する。「このチームを信用できない、モチベーションが上がらない。そんなにここで働くのが辛いなら、アウトプットが出せないんですよね。だったら辞めるしかないでしょ？」と。すると「いやいや、そういう話じゃなくて……」と、ちゃんと省略なしで話すようになる。

ただし、マネジャーにリーダーシップがなければ、いくら挑発しても期待通りの反応は引き出せないでしょう。コーチングに限った話ではありませんが、人を動かすには、リーダーシップが欠かせません。

ここでいう**リーダーシップとは、自らの判断で率先して行動する振る舞いのこと**です。そこには、結果責任というある種のリスクが付随しています。一方で、リーダーシップを発揮した結果（成果）によって与えられるのが、権威です。世の中には、いわゆる「親の七光り」のような形で権威を得ているケースもありますが、自らのリーダーシップの結果として権威が得られるのが理想です。

リーダーシップのない人がいくら権威を振りかざしても、実態を伴って人を動かすことはまずできません。かっこよく命令したとしても、いわゆる面従腹背で、表面的に従っているふりをされるのが関の山。リーダーシップがない人の挑発も、それと同じです。かっこよく言葉を言い放ったとしても、その言葉は相手の心に響かず、スルーされてしまう。結果的に空気も生産性も悪いチームができあがってしまいます。

逆に、リーダーシップを発揮しても、結果が伴わず権威が得られない場合は、チーム内で認められずにたたかれたり、抵抗勢力が出てきてうまくリーダーシップが取れなくなったりしてしまう可能性があります。

要するに、リーダーシップだけでも、権威だけでも、ダメ。リーダーシップと権威は、バランスが大切です。具体的な行動と結果が伴ってこそ、権威も役に立つというわけです。

前章でもお話ししましたが、「人に優しく、結果に厳しく」がコーチングする際の基本姿勢です。だからこそ、時には「挑発」のような言葉も必要ですし、相手がガッカリするようなことを言わざるを得ないこともあるでしょう。そのような時に聞く耳を持ってもらうためにも、変化を促すコーチとして、マネジャー自身が普段から率先して行動し、「グロース・マインドセット」を体現し続ける必要があるのです。

「問題にフォーカス」と「解決にフォーカス」。2種類の問いかけを使い分ける

コーチングの問いかけは大きく2つに分けることができます。それは「問題にフォーカスした問いかけ」と「解決にフォーカスした問いかけ」です。

■問題にフォーカスした問いかけ

・この問題について、どう思いますか？
・この問題はなぜ起こったと思いますか？
・この問題で、一番まずいのはどの部分ですか？
・問題の根底の部分について話し合いたいのだけど
・なぜこのような行動を取ったのですか？

■解決にフォーカスした問いかけ

・あなたは何を変えたいですか？
・この件を解決するには何が必要ですか？
・どのようなよい解決策を見つけられるか、詳しく話し合いたいのだけど
・今後どのように行動を変えようと思いますか？
・今後変えるべき点はどの部分ですか？

どちらが重要ということはなく、どちらを使うかは状況によって異なります。大切なのは、解決にフォーカスする前に、問題をきちんと把握しておくことです。「何を解決するのか」をはっきりさせるために「問題にフォーカスした問いかけ」があります。

また、**相手が感情的になっている時などにも、まずは「問題にフォーカスした問いかけ」をする**ことをおすすめします。

たとえば、あまり想定したくないケースかもしれませんが、相手が「もう、この仕事やだー」とパニックに陥っている時。思考が混乱している相手に、いきなり「結局、あなたはどうしたいの？」などといくら解決にフォーカスした問いかけをしても逆効果で、解決

を遅らせるだけです。そういう場合は、「何がそんなに嫌なのか、何を問題と感じているのか」について、順序よく話すように促したほうがいい。

大事なのは、まずは落ち着いてもらうこと。何がどれくらい嫌なのかは、その人のその時の感情に左右されます。冷静になって考えたら、それほど大騒ぎする問題ではなかったということもあり得ますから、**「問題を確認してから、解決に移る」というのが基本中の基本**です。

加えて、**相手を落ち着かせる対話術としては、「相手と同じ言葉を繰り返す」というテクニックが効果的**です。相手が突然「もう、やだー」と言った時でも、いきなり「何が嫌なの？」と尋ねるのではなく、まずは一言、「ああ、嫌だったんだね」とそのまま認めてあげると、少し気分を落ち着かせることができます。

相手が言った言葉をオウム返しに繰り返すだけで、相手は「自分のことをちゃんと聞いてくれているんだ」と「味方」のように感じてくれるのです。まずは「私はあなたの味方である」と思わせることが大事なんです。

感情的に「やだー」と言っている時に、「はい、わかった。じゃあ、ここで一緒に解決策を考えましょう」と促しても通じません。「やだー」と泣いている子どもに、お母さんは「ああ、嫌だったのね？　おお、かわいそうにね。嫌だったのね？」と優しく語りかけるはずです。あれと同じです。

相手が使った言葉を使って、相手の感情を脅《おびや》かす可能性が低い問いかけから始めるのがポイントです。要は、まず相手に合わせることが大事。そして、相手に答える時間を与えてあげてください。それで感情を落ち着かせる。落ち着いてきたら、問題をはっきりさせたうえで、解決にフォーカスした問いかけに切り替えていく。そういう手順が重要です。

問題とは「目標」と「現実」のギャップのこと

また、**コーチが行う問いかけのフレームワークとして、「GROWモデル」が知られています。**状況に応じて、これらの問いかけを交えながら、問題と解決策を明らかにしていきます。

- **G（goal、目標）**

「あなたが望んでいること／目指していることは何ですか？」
「興味があることは何ですか？」

「何をもって成功したと言いますか？」

「それはあなたにとってどれくらい重要ですか？」

・R（reality、現実）

「今、どれくらいまで進んでいますか？」

「あなたの同僚は状況をどう捉えていますか？」

「どんな壁に直面していますか？」

「今、どんなリソース（資源）があったら目標に届きそうですか？」

・O（option、選択肢と行動計画）

「もし、今、直面している壁がなかったとしたら、どう行動しますか？」

「あなたが最も信頼・尊敬している人が同じ状況に直面したら、どう行動しますか？」

「目標達成に必要なスキルをこれから鍛えるとしたら、まず何をすることができますか？」

・W（will、意欲・アクションへのコミットメント）

「（今日から）どうしますか？」

「いつから始めますか？」

「乗り越えるべき壁は何ですか？」

「1から10で言うと、どのくらいのレベルであなたはコミットしていますか？　どうやって乗り越えますか？」


これらのうち、GとRは「問題にフォーカスした問いかけ」です。目標（G）と現実（R）のギャップこそが、問題だからです。

一方、OとWは「解決にフォーカスした問いかけ」と言えます。行動計画（O）を明らかにしたうえで、それに対する意欲（W）を確認します。

「意図」を明確にして問いかける

前節で有名なフレームワークであるGROWモデルを紹介しましたが、**よくありがちなコーチングに対する誤解は「とりあえずGROWモデルのような問いかけの仕方を学べばコーチングができる」という考え方**です。これはある面では正しいのですが、間違っている面もあります。

何も尋ねないより尋ねたほうがいいに決まっています。ただし、マネジャーが、何のためにその問いかけをしているのか、つまり「問いかけの意図」をきちんと明らかにしておかないと、逆効果を招くこともあるので注意が必要です。

たとえば、メンバーと「来年のキャリアの話」をするコーチング。GROWモデルを使った問いかけの仕方だと、次のようになります。

「Aさん。来年はどんな仕事をしたいんですか？　どういうゴールを持って、どうしたいですか？」

「○○したいです」

「ああ、そういうゴールですね。じゃあ、今の仕事とゴールのギャップってどこにあるんですか？　何を変えれば、そこにたどり着きますか？」

「××を変えれば行けます」

「じゃあ、こんなオプション（選択肢）がありますよ。その次はどうします？　どうしたいですか？　何に集中します？」

こんな対話でも「問いかけの意図」は二通り考えられます。

ひとつは、マネジャーが「ポジティブな意図」を持って臨むパターン。つまり、誰もが建設的な意図を持っているという前提にマネジャーが立っていて、「その人がもっと新しいスキルを学んで、新しいことにどんどんチャレンジできるようにサポートしよう」という意図を持った対話です。マネジャーは、そのメンバーともっとうまく仕事をしたいと思っているわけです。

もうひとつは真逆で、マネジャーが「ネガティブな意図」を持って臨むパターン。つまり、非建設的な意図を持っていて、ダメならさっさと辞めてもらいたいと思っているケースです。「何とか違うチームに移したい」とか「辞めてほしい」と思っているにもかかわらず、そういう意図を包み隠して、GROWモデルの型通りの問いかけをしてしまうと、相手は「自分はこのチームでもっと違う挑戦ができる」と認識してしまうでしょう。これでは、建設的で創造的な会話とは全く言えませんね。最悪の会話、最悪のコーチングです。

要するに、同じ「来年のキャリアの話」をするコーチングでも、後者の場合はGROWモデルではなく、「○○さんは、ここまで一緒に働いてこんな結果を出しました。僕は納得していないし、会社の評価制度の面でも危ないですよ。一緒に働くならここが変わらないと……」とストレートに伝えないといけないわけです。

相手の状態に合わせて、言葉づかいも問いかけの内容も変える

いずれにしても、**マネジャーはメンバーの今の状態を見極めながら対話しなければならないんです。**どういう時にどんな問いかけをしたら効果的か、相手の状態に合わせてよく考えたほうがいいわけです。

たとえば、**相手がすごくもやもやしていて落ち込んでいる時に、GROWモデルで尋ね**

るのは逆効果です。そういう時は、できるだけ相手が慣れている日常会話に近いシンプルな言葉づかいで尋ねたほうがいいでしょう。

「もうピョーさん、私どうしよう？　全然うまくいかなくて」

「いろいろ悩んでいるんだね。どうしたの？　何があったの？」

「○○さんともめて、どうしたらいいか、わからなくなったんです」

「ああ、もめたのね。どんなことを言われたの？　具体的に○○さんは何が欲しかったの？」

こんな話し方のほうが相手は断然話しやすい。その時に、「じゃあ、あなたは具体的にどういうゴールを決めて、どんな指標でそれを達成していないと言えるんですか？」とか、ビジネス用語を使った型通りの尋ね方をすると、拒否反応が出て話せなくなってしまいます。

つまり、相手が感情的になって論理的に話せず戸惑っている状態の時には、論理思考の問いかけをするのではなく、子どもの頃からされているような尋ね方、シンプルな言葉づかいでコーチングしたほうがいいのです。

コーチングでは「問いかけのサイクル」を回す

コーチングで行う問いかけの順番に、絶対的な決まりはありません。たとえば、GROWモデルで問いかけをする場合でも、その順番が「G→R→O→W」である必要はないということです。

「来年のキャリア」についての対話を予定していた時にメンバーが部屋に来て、いきなり「すごく悩んでるんです。もう来年の仕事のことも考えたくなくて……」と言い出したとします。とても感情的に「もうやだ、やだ」となっている。その時に「じゃあ、あなたの来年のゴールって何ですか?」と、GROWモデルの型通りにゴール（G）の問いかけから始める……。このマネジャーは頭がどうかしているでしょう。

そういう時は、やはり「おお、どうしたの? 何かあったんですか? また○○さんともめたんですか？」とか、まず相手の今の状態（R）を把握する問いかけをしなければいけません。「そうじゃないんだけど、じつは……」と、落ち着いて現状を話すように促すわけです。

既にある程度関係性のできている相手だったら、挑発的に、結論的なことから対話に入ってもいいでしょう。「あなた、もしかしたら会社を辞めるの？」と一言だけ返す。すると、「いやいや、ちょっと待って。辞めるんじゃなくて、○○さんのことを聞いてほしかったんです」とか、現状について話し始めるかもしれない。

この時、**重要なのは、相手が「こうしたい」と話していることを鵜呑みにするのではなく、「現状をしっかり理解したうえで言っていることなのか」「本音で語っていることなのか」をちゃんと見極める問いかけをしながら話をすること**です。

たとえば「来年のキャリアの話」をしている時に、メンバーが「こういうキャリアが欲しいから、転職も考えている」と言い出した。でも本当は、キャリアで悩んでいるのではないかもしれない。人間関係がうまくいかないとか、パートナーに「あなたは働き過ぎ！もっと楽な仕事をしたほうがいい」と文句を言われたとか、いろんな理由が後ろにあるかもしれないわけです。

「じゃあ、来年には辞めたいの？」

「いや、辞めたくありません」

「そうか、転職の話じゃなかったんだね、よかった。じゃあ、本当は何に悩んでいるの？

今の状況を教えてください」と、本当のことを話すように促す。

「なるほど、今はそういう状況なんですね」と、きちんと説明を聞いたうえで、「じゃあ、その状況の中で、今どんなオプションがあるんですか？」と尋ねるわけです。すると、「あ、これもできる、あれもできる」と相手が自分で気づくはずです。

そうして、オプションをいっぱい吐き出してもらう。そうすれば、「じゃあ、本当に○○さんのやりたいことって、どういうこと？　こういうオプションが目の前にいっぱいあるんだけど、そのオプションから選ぶの？　本当は違うことをやりたいの？」と、ゴールの話題に戻るという対話もできます。

要するに、**コーチングでは、「問いかけのサイクル」を回すことが大事**。相手が感情的であれば、まず現状を聞いてみる。相手が自分のゴールを決められないのであれば、まずどんなオプションがあるかを考えてもらう。そういう相手の状況に合わせた問いかけの仕方、言葉づかいを含めて、まさに臨機応変な対話が求められるわけです。

「もやもや」をシンプルに整理する

コーチングは、メンバーが「今の自分の状態を本当に理解できているのか」「本当のことが言えているのか」といったことを落ち着いてきちんと確かめていく営みとも言えます。

これは相手の「答えの意図」を明確にしていく作業と言い換えることができるでしょう。

フランスの作家、サン・テグジュペリが「追加するものがなくなった時ではなく、取り除くものがなくなった時、それが完璧になるということ」という言葉を遺しています。たとえば、プロダクトデザインの場合、あまりにも操作が複雑だったり、余計な機能がいっぱいついていたりしたら、面倒くさ過ぎて使われない。できるだけシンプルなほうが使われるわけです。

人間も似たような傾向があると思います。つまり、複雑過ぎると動けない。自分の気持ちがもやもやしていて納得できないとか、状況が複雑過ぎて理解しきれないとか、選択肢が多過ぎて決められないとか。

それをシンプルにしていくのがコーチングです。**マネジャーとの対話を通じて、メンバーのもやもやが消えて、「今の状況はこう、必要な行動、選択肢はこれ。じゃあ、やりたい、やろう」という気持ちになる。そういう状態を作ることがコーチングです。**

だからといって、マネジメント研修などでいろいろ勉強した新しいマネジャーが、単純に「マネジメントはメンバーのパフォーマンスを高める仕事だ」と考えて、教科書通りのことを完璧にやらなきゃいけないと思い込むのはよくありません。たとえば、「メンバーのプライベートの話じゃなくて業務の話をするんだ」と張り切ってしまうのは最悪です。

一応、「元気ないね？」と聞くことは聞くでしょう。ただ、「まあ、いろいろあって」という答えが返ってきても、「はいはい、わかった。じゃあ企画の話をしましょう」と言ってしまう。

それで、次のような会話になったら、長期的には逆効果を招いてしまうのです。

「すみません、全然頭の整理ができなくて、何も準備ができていません」

「じゃあ、あなたはモチベーションがないの？」

「ありますけど……」

「だってアウトプットを出してないじゃん。じゃあ、どういうふうに結果を出すの？　いつまでに出すの？」

これでは、相手の「答えの意図」は全く明確になっていません。「いろいろあって」というのは「いろいろ言いたいことがある」というシグナルなんです。

なので、そういう時には「今日元気がないのは、何か気がかりがあるからなんじゃないかな？　もっと聞かせて」と促す。それを教えてもらって、「わかった。じゃあ、ちょっと僕も忙しいし、あなたも家族のことが気になっているのであれば、今日は話をやめて、リスケしましょう」という話をしたら何が起こるか？

ひょっとしたら次の機会には、「先週すみませんでした。あの後さらに情報をキャッチアップして、企画を作ってきました」と、すごく前向きな動きが出てくるかもしれません。

柔軟な対応が信頼につながる

マネジャーによるコーチングでも、対話がビジネス以外の話題に及ぶこともあり得ます。どんな対話をするかは、その時のメンバーの状態によって変わります。だからこそ、ひたすら好奇心を持って集中して対話することが大事です。

たとえば、企画について話す時。目の前に座ったメンバーにあまり元気がないなら、いきなり本題に入らず、まず「どうしたの？」と尋ねる。「じつは父とケンカしたんです。年を取ったせいか最近頑固で、病気なんだけど、病院に行きたくないと言っていて。どうしたものか悩んでいるんです」という答えが返ってきた。そうしたら「お父さんとどんな会話をしたんですか？」とか「今お父さんのことで、具体的にどこが心配なんですか？」といった対話を、まずはしたほうがいいわけです。

さらに、「じゃあ、そういう状況だったら、この案件は進めずに、今度にしようか？」とか「じゃあ、ちょっと休暇を取ったほうがいいんじゃない？」とか、メンバーの精神面のお世話をする対話も必要になってくるかもしれません。

メンバーは「このマネジャーは私を人として見てくれているんだ。柔軟性を持って、私と一緒に働いてくれる人なんだ」と思うはずです。つまり、信頼が深まります。信頼が深まったら長期的にはいい結果につながるのです。

「笑い」と「噂話」のないチームが一番危ない

その人の「意図と状況」がわかりやすいという意味では、感情をあらわにしてくれるメンバーのほうがコーチングしやすいでしょう。

誰にでも感情はありますが、すごく大人で器が大きい人は自分の感情をコントロールできるので、ストレートに感情を見せることがあまりありません。

それでもある程度、感情は出ています。たとえば、落ち着いた調子で「ちょっと待ってください。ここまで何回も説明していますよね？　何でわからないんですか？」と言った時。どんなに冷静に話しているつもりでも「イライラ」の感情は相手に伝わるでしょう。

もちろん、そういう感情を読めない人もいますが。

いずれにしても、**感情が表れているのに本音を言ってくれないというのは一番危ないパターン**です。たとえば、すごく恨んでいるけれども言わないとか、すごく嫉妬しているけれども言わないとか。そういう人はきっと裏で復讐《ふくしゅう》みたいなことをやらかします。

僕がメンバーの心理的安全性をどういうところで感じるかというと、まずひとつは「どれぐらい笑っているか」なんです。**メンバー同士で笑い合っていたり、僕と笑顔で話せていたりしたら心理的安全性の高い状態**です。

もちろん、本音の笑顔が理想です。でも、全く笑いがないよりは、たとえ愛想笑いであったとしても、笑いがあったほうがいい。想像してみてください。全然笑っちゃいけないという空気が支配する会社は最悪です。でも逆に、「陽気な社風」の会社であればあるほど、みんなが明るくしなきゃと思っている分、かえって愛想笑いがたくさん混ざってくるとも言えるかもしれません。

要は、仕事の合間に冗談を言ったり、ちょっとしたいたずらをしたりと、お互いに「遊び心」を持てていれば大丈夫。お互いに信頼や尊敬がなければ、つまり、心理的安全性が高くなければ、冗談が冗談でなくなり、笑顔どころではなくなりますね（信頼や尊敬と心理的安全性の関係については次章の１０７ページでお話しします）。

だから、冗談やいたずらが許されるかどうかも、どれくらいお互いに信頼し尊敬し合えているかという指標になります。

残念ながら、心理的安全性の高低を客観的に計測することはできません。なぜなら、心理的安全性――たとえば、相手が落ち着いているか落ち着いていないか――は、その人と会話している時に「ああ、この人落ち着いているな」とか、自分の中で感じ取るものだから。なので、笑顔が非常にわかりやすい指標代わりになります。

ネガティブな噂話が出た時はコーチングのチャンス

もうひとつは「噂話」です。人の噂話をすること自体を嫌う人もいますが、僕は、相手をちゃんと見て解釈しようとする行為なので、別に間違っていないと思っています。むしろ言わないけれども恨みがあるという状態が最悪でしょう。

噂話によって、相手との関係性やチームの今の状態などがわかります。たとえば、○○さんがいない時に「○○さんって普段は無口だけど、ミーティングではすごく鋭い意見を言うんだよね」とか、××さんがいない時に「××さんって優しいな。『ご飯食べた？』なんて、いつも気にかけてくれるし」とか。こういう建設的なよい噂話であれば、心理的安全性が高い。逆に悪い噂話が多くなると、心理的安全性が低いということなんですね。

ネガティブな噂話でも「本人に平気で言える」なら、僕は悪くないと思っています。僕も最近こんな噂話をしました。4人でZoom会議をしようと3人がオンラインになって、残りの1人を待っていたんです。その人はよく時間を間違える。だから僕は「彼は世界的な投資家なんだけど、よく時間を間違えるんだ。もう何回も秘書を雇ったほうがいいよと言っているのに、雇わないんだよね」という噂話をした。そこへ本人が入ってきた。そこで僕は、すかさず「ちょうどあなたの噂をしていたんだよ。何で秘書がいないの?」と本人にその話題を振りました。

このように本人と一緒に笑い話にできるのであれば、心理的安全性が高い証拠なんですね。なので、**本人に言えない、隠さなければいけないような噂話はダメ。そんな噂話がチームの中で増えてきたら要注意です。**

ただ、悪い噂話には注意が必要だけれども、何も言えないよりは断然いいと思います。たとえば、メンバーがマネジャーにチームメイトの悪口を言ってくる。よくありがちですが、これはマネジャーとの関係に心理的安全性があるからこそ言えるわけです。そういう関係はやはり大事なんです。

そして、ネガティブな噂話が出た時は、人間関係のコーチングのチャンスでもあるんですね。メンバーが「聞いてくださいよ。あいつって、○○だからダメなんですよ」と言って来た時に、「ああ、そっかそっか。じゃあ、具体的にどこがうまくいかないの?　もっと教えて」とか「はいはい。じゃあ、あの人は何でそういう態度を取っていると思う？あの人は何が欲しいのかな？」とか、落ち着いて建設的な問いかけをする。これがすごく大事なポイントです。

つまり、**マネジャーがメンバーから悪い噂話を聞かされた時には、相手の頭の中をいかにニュートラルにさせるかということが重要になってきます。**まずはもやもやした感情を吐き出してもらう。それから自分自身で「ああ、そうか。確かにあの人はそうしたいから、こういう状態なんだ」と論理的に理解するように促す。マネジャーはそんな落ち着いた会話をしなければいけないんですね。

「目標設定能力」を育むための問いかけ

相手がよほどの頑固者でない限り、メンバーのパフォーマンスを引き出すのは、すごくシンプルなことでもあります。たとえば何かのプロジェクトの実行なら、既に企画があってスケジュールも決まっていて、「次はこれをやります」というタスクが明確であれば、みんなパフォーマンスを出さざるを得ないわけです。

僕はいいマネジメントをたくさん見てきましたが、結局、それは仕組み、オートメーションなんです。つまりマネジャーの役割は、パフォーマンスが出せないという状態を作らないことだし、出すしかないという状態を作ることです。

メンバーがパフォーマンスを出すには「自分でゴールを見つける」ことが大事なポイントになります。つまり、**コーチとしてのマネジャーの重要な役割は「メンバーに目標設定能力をきちんと身につけてもらう」こと**です。

それを果たすためには「目標設定の仕組み」も必要です。仕組みといっても難しい話ではありません。

たとえば当社では、四半期ごとにOKR、ボトムアップで目標を設定しています（OKRについては第5章［217ページ］で詳しく解説します）。四半期ごとに、「○○さん、今期はどれぐらいの企画を出して、どんなプロジェクトにして、そのプロジェクトでどんな社会貢献をしたいですか？」という問いかけをする。なので、メンバーは「私、何をやりたかったんだっけ？」とか「何でこの仕事やるんだっけ？」とか、常に考えないといけない状態にあります。これが「目標設定の仕組み」です。

ただしマネジャーとメンバーは、それぞれ同じ目的と違う目的を持っています。

たとえば、アプリの開発チームなら、マネジャーの一番の目的は、できるだけ売れるアプリを作ること。つまり、売り上げ重視です。でもメンバーにとっては、アプリが売れるというのは付加価値でしかありません。一番にかっこいいアプリを作りたいと思っていて、売れるかどうかは二の次です。要は、自分が作ったアプリは「名刺」で、その名刺によってもっといい会社に誘われるとか独立できるとか、自分自身の市場価値を高めるというのが目的です。

図表3 目標設定を促したい時に使う問いかけ

- 理想的な状況とは、どのようなものですか?
- 周囲の人は、あなたに何を求めていますか?
- どのようなことが起こったら、この状況が変えられますか?
- このプランについて、どう思いますか?
- これから、あなたは何をしますか?
- 次に進むためには、何が必要ですか?
- 最初にできることは何ですか?
- 今すぐに対処しないといけないのは、どの部分ですか?
- あなたにとって成功とは、どのようなものですか?
- あなたが望んでいないのは、どのようなことですか?
- あなたにとって非常に重要なことは何ですか?
- 何が欠けているのでしょうか?

もちろん、誰もが名刺を目的にしているわけではなくて、メンバーが重視している目的はそれぞれ異なるでしょう。つまり、マネジャーが自分の目的とメンバーの目的の違いをわからずに、単純に「売れるアプリを作ろうぜ」と繰り返していても、全く売れないアプリになる可能性があるわけです。

だからまず、メンバー自身に「このアプリを何のために作るのか」をきちんと決めてもらうコーチングが必要なわけです。図表3は、目標設定を行う時に用いるとよい問いかけです。このような問いかけを重ねるうちに「目標設定能力」が育まれて、メンバーは必ずチームの目的や会社の目的と合致する自分の目的を見出すはずです。

ただ、中にはそこで全く折り合いをつけられない人もいます。たとえば、チームで決めた指針に従わないで邪魔をしたり、口では「やる気がある」と言うものの実際には手を動かさずサボり続ける。そういう人がいると、どうしてもチーム全体のパフォーマンスが下がってしまいます。どんなにコーチングをしても変わらないなら、チームを去っていただくしかなくなるでしょう。その意味では、なるべく目標設定能力の高い人にチームに入ってもらうという採用面でのマネジメントも大事になります。

「スキルコーチング」と「タスクコーチング」を使い分ける

コーチングにおける具体的な対話の中身は、当たり前ですが、その目的によって変わってきます。たとえば、僕のチームはGoogleでセールスコーチングプログラムを作ったこともあって、その時、**「スキルコーチング（能力を高めるためのコーチング）」**と**「タスクコーチング（その案件に関するコーチング）」**に分けました。

スキルコーチングであれば、「先週、資料にしてもらったのは○○ですよね。僕から見て、この資料でここはよかったんですが、少しここを改善したほうがいいと思います。あなたはどう考えていますか？」といった問いかけが必要になります。「この資料の中で何が抜けていると思いますか？」とか、「どういうふうに書けばお客さんに伝わると思いますか？」とか、そういう個別のスキルを高めていくコーチングです。

もちろん、前提として、「あなたは今の仕事で、どんなスキルが必要か？」とか「どんな仕事をしなければならないか？」とか「どんな結果を出さなきゃならないか？」とか、やるべきことを確認する大きな問いかけも必要です。

たとえば、セールスのメンバーであれば、お客さんのニーズをちゃんと把握できるか、お客さんとちゃんと人間関係を構築できるか、商品知識がちゃんとあるか、面白いセールストークができるかなど、いろんなスキルが求められます。

マネジャーは、その中でメンバーごとにどこが強いかどこが弱いかを見極めながら、どこをどうやって頑張っていくか、これから何を学んでいくかということをコーチングしていく。実際にスキルを身につけるには、練習を繰り返す必要がありますから、マネジャーはそのプロセスをサポートすることになります。

たとえば、野球のピッチャーが理想の投球フォームを身につけるまでには、同じ動作を繰り返し練習します。バッターであれば、何度も素振りをするでしょう。その時、そばにいてその様子を観察し、それらの動きが理想的なものになっているか、アドバイスをしてあげるのがコーチの役割です。

つまり、**その人を成長させるのが、スキルコーチングの目的**になります。

一方、タスクコーチングというのは、具体的に業務や案件、プロジェクトを実行していくためのサポートです。たとえば、新商品についてある販売店が全然納得していない状況であれば、「どうすれば納得してもらえるか？」という問題解決のコーチングが必要になります。

「あの販売店さんがどんな商品を売りたいと思っているのか探ってみたら？」とか、「もしかしたら、まだ商品のイメージをつかんでいないのでは？」とか、「何でこれを販売する必要があるのか、そもそも理解できていないのかもしれないね？」とか。どういうふうにその問題を解決していくかという対話になるんです。

つまり、**メンバーと力を合わせて問題を解決していくのが、タスクコーチングの目的**です。

働く意欲を引き出す「キャリアコーチング」

マネジャーがコーチングするうえでは、「キャリアコーチング」の視点を持つこともとても大切です。そのメンバーがどんな意欲で働いていて、何がモチベーションで、何のためにこのチームにいるのかということを明確化、言語化するように対話しないといけない。

場合によって、プライベートな領域にもかかわってきます。だからマネジャーは、メンバーを人として総合的に見る必要があるんです。

たとえば、残業はプライベートの領域にもかかわってきます。すごく子どものことを気にしている人であれば、残業するよりも、夜は子どもと遊んだり宿題を手伝ったりしたいという場合がある。そういう人には「わかった。じゃあ、残業しないでどういうふうに結果を出していくの？」という対話が必要になってくるわけです。

ただ、ある程度残業しないと学べない、すごい結果を出せないというのも残念ながら事実です。だからこそ、「どういう働き方をしたくて、どこまで頑張って何を生み出すか」という「キャリアコーチング」が大事になってきます。

ただし、何でもかんでも自己開示してもらって、100%総合的に見るというわけにはいきません。人間には、すごくプライベートな部分とすごくパブリックな部分があるからです。ごく簡単に言うと、プライベートというのは私生活の領域、パブリックというのは仕事の領域のこと。前者には個人の思想信条とかも含まれるし、後者には街中での振る舞い方とかも含まれます。

たとえば、取引先の人と飲みに行くなんていうこともありますよね。いわば半分パブリックで半分プライベートの状況です。すると「ピョートルさんって本当はどんな人?」とか「結婚してるの?」とか、かなりプライベートな話題が出ます。でも友だちではないから、お互いそんなに心を開けるわけではありません。

もしその人とつき合いが長くなって、家に誘われて、奥さんの手料理を食べて、子どもと進路の話をしてとなったら、すごくプライベートな関係になったということでしょう。それでも、僕がその人の家に行って100%自分を見せるわけではない。

プライベートというのは、たとえば自分の家でパートナーと一緒にご飯を食べるといった領域。もちろん、人によっては家で彼女とご飯を食べているところをパシャっと撮ってインスタグラムに上げたりする。でも寝室の様子、ラブシーンをSNSで公開する人はあまりいません。

パートナーに見せない部分もあります。たとえば、お手洗いに行って用を足すというのは、やはりすごくプライベートです。

自己開示を相手に押しつけてはいけない

キャリアコーチングでは、こうしたパブリックとプライベートの「境目」を理解することがとても大事になります。人それぞれでその境目は異なるし、深さも違う。だから、**人によって自己開示ができること・できないことがある**わけです。つまり、こちらから自己開示を押しつけてはダメということです。

もちろん、ある程度自己開示しないと人間関係を構築することはできません。一緒に働くうえで、どういう性格で、何が欲しくて、こういう趣味を持っていて、チョコレートが好きとかコーヒーが好きとか、どんなキャラかわかっているほうがラポールを作りやすいわけです。

ただ、プライベートに侵入せず、どういうキャラか、どういう価値観を持って、どういう人生を送りたいかを話してもらうことは、何も難しいことではありません。たとえば、週末の過ごし方。相手に「僕は週末、よく伊豆とか房総半島とかに行くんですよね。今週末もドライブに行くんですよ。あなたは週末、どんなふうに過ごしていますか？」と尋ねる。相手が家にいるのが好きだったら、「私は週末ばたばたするのが好きじゃないんで、ゆっくり家で本を読んでいますね」といった価値観ベースの対話になるわけです。

要するに、**マネジャーは総合的にメンバーを人として見るけれども、その人のプライベートの人生に介入すべきではない**ということ。その線引きが大事です。

第3章

メンバーの成長を促す「フィードバック」

「気づき」につながるフィードバックをしよう

マネジャーとして、チームをより高い成果を出すものへと変えていこうとするならば、前章で紹介した「問いかけ」だけでは不十分です。もうひとつの重要なスキルが、自らの考えを上手に伝える「フィードバック」です。第1章でもお話ししましたが、**フィードバックによって、メンバーの気づきを促し、チーム内に共通認識を作っていかなくてはなりません。**

僕自身、これまでいろんな人から様々なコーチングを受けてきました。その中で、今の僕に最も影響を与えている2つの「フィードバック」を、まずは紹介します。

1つ目は、ある時、イギリス人の新しいマネジャーから「もうピョーは、本当に何を考えているかわからない」というフィードバックをもらいました。そして、「何か欲しいものがあれば、ちゃんと言って！」（実際には英語で、If you want something, ask for it.）と、ストレートにお願いされた。この一言からすごく気づきを得ました。

確かに、自分から「こうしたいんです」と、率直に望んでいることを言わないとマネジャーには何も伝わらないな、と。

僕は、その前までずっと日本人のマネジャーと仕事をしていたので、いわば何も言わなくても伝わるハイコンテクストな文化の中で働いていました。そこから真逆の、とにかく言わないと何も伝わらないローコンテクストな文化の会社に移ったのです。

ハイコンテクストというのは、コミュニケーションの前提となる言葉や価値観などがみんなに共有されている状態のことで、逆にそれらが共有されていない状態がローコンテクストです。

僕はどちらの会社でも自分が欲しいものを表現していたつもりでした。でも、ハイコンテクストな文化の中でやっていたコミュニケーションスタイルのままでは、ローコンテクストな文化のチームでは僕の考えが伝わらなかったんです。

誰にでもわかってもらうためには、特にマネジャーにちゃんと伝えるためには、もっと率直に表現しないとダメということを痛感しました。そう気づいたことで、それ以降の僕の表現はすごく率直なものに変わりました。

もうひとつは、役職が進んでから得たフィードバック。僕はある同僚の仕事の進め方（かなり政治的な動き）に納得できなくて、僕の直属のマネジャーに「○○さんと一緒に仕事するのは、もう無理！　どうにかして！」と、すごく感情的に文句を言いました。

そうしたらマネジャーが「それを解決するのがあなたの仕事だよ」（これも実際には英語で、It's your job to deal with it.）と笑顔で一言。

確かに、それぞれ立場や肩書きがあって、僕は当時、ある部門の管理職だった。だから、わーわー文句を言うのが仕事ではなくて、そういう問題を解決するのが自分の仕事だと、その一言で、改めて気づいたわけです。

2つともとてもストレートな言葉だったけれども、どちらもインサイト、つまり本質的なことに気づかされたんです。前者は、ウソ偽りなく自分の欲しいものや価値観、大切にしているものをしっかり伝えないと、マネジャーはどうサポートしていいかわからないということ。後者は、問題を解決する会話とその結果に責任を持つことが仕事であるということ。

つまり、どんな感情があっても結局は、解決するか解決しないか、やるかやらないかだと。それに気づいて、かなり意識が変わり、プロフェッショナルとして行動するようになりました。

相手を尊重しつつ自己主張する

このようなフィードバックが、いわば「ストレートに指摘する」フィードバックです。もちろん、第1章でもお話ししたように、常にこのようなフィードバックが正解であるというわけではありません。あの頃の僕にとって、ストレートに指摘してもらうことが一番気づきにつながるコーチングだったということです。

ポイントは、相手が受け入れられる表現であること。だからこそ、時には「依頼する」「問いかける」などといった伝え方をする必要も出てくるわけです。「これは嫌だ」とか「それはダメ」とか「おまえが悪いんだ」とか、そういう感情的で乱暴な言い方ではもちろんダメです。

たとえば、もっと積極的にかかわってほしいメンバーがいた時。「あなたと話すと得られる気づきがいっぱいあるから、とても助かります。だから、もっと打ち合わせをさせてほしいんです」とか、そんなふうに「依頼」すれば、「時間がないんだけど、作ってみる」と否定せずに受け入れてくれる可能性が高まります。すぐには協力してくれなかったとしても、少なくとも悪い気はしないはずです。繰り返し丁寧に依頼をしていたら、そのうち協力してくれるかもしれません。

要望を伝える言い方として、「(あなたは)○○しろ」「(あなたは)○○すべきだ」などと主語が「あなた(You)」になるものは「ユー・メッセージ」と言われますが、これだとどうして命令口調できつく聞こえてしまいます。そうではなく、**主語が「私(I)」になるような言い方(アイ・メッセージ)で、「(私は)○○してほしい」「(私は)○○したい」と自分の気持ちを伝えるのがポイント**です。

このように相手を尊重しつつ自己主張することを「アサーティブ(assertive)」と言いますが、そのほうが相手に言葉を受け入れてもらいやすい。また、否定的な内容を伝える時にも、単に「できない」などと言うのではなく、「○○だったらできる」というように条件などを示して肯定的な表現で言い換えれば、建設的に自己主張できます。

マネジャー自身の心理的安全性の確認も必要

いずれにせよ、**フィードバックする際に大切なのは、マネジャーが落ち着いた気持ちでいること。ストレートな言い方をするにしても、感情的にならず、相手への共感を持って伝えるのがポイントです。**

そのためには、マネジャー自身がそれぞれのメンバーのことをどのように感じているのかを理解しておくことも重要です。事前に自分自身の感情を把握しておけば、いざという時に、その感情を建設的な表現に言い換えてメンバーに伝えることが可能になります。

図表4は、心理的安全性を「信頼」と「尊敬」のバランスで捉えた図ですが、研修などで僕はこの図のどこに各メンバーがいるのかを事前に確認しておくことをおすすめしています。

ここでいう信頼とは、たとえば、正直であるとか、約束を守るとか、つまり、人として信頼できるかどうかです。一方の尊敬は、仕事を進めていくうえで必要なスキルや知識を持っていて学ぶことが多いかどうか、つまり、チームに貢献してくれるかどうかです。信頼できて、尊敬もできる人との間には、心理的安全性が生じやすいと言えます。一方、信

図表4 信頼できて、尊敬もできる人との間には、心理的安全性が生じやすい

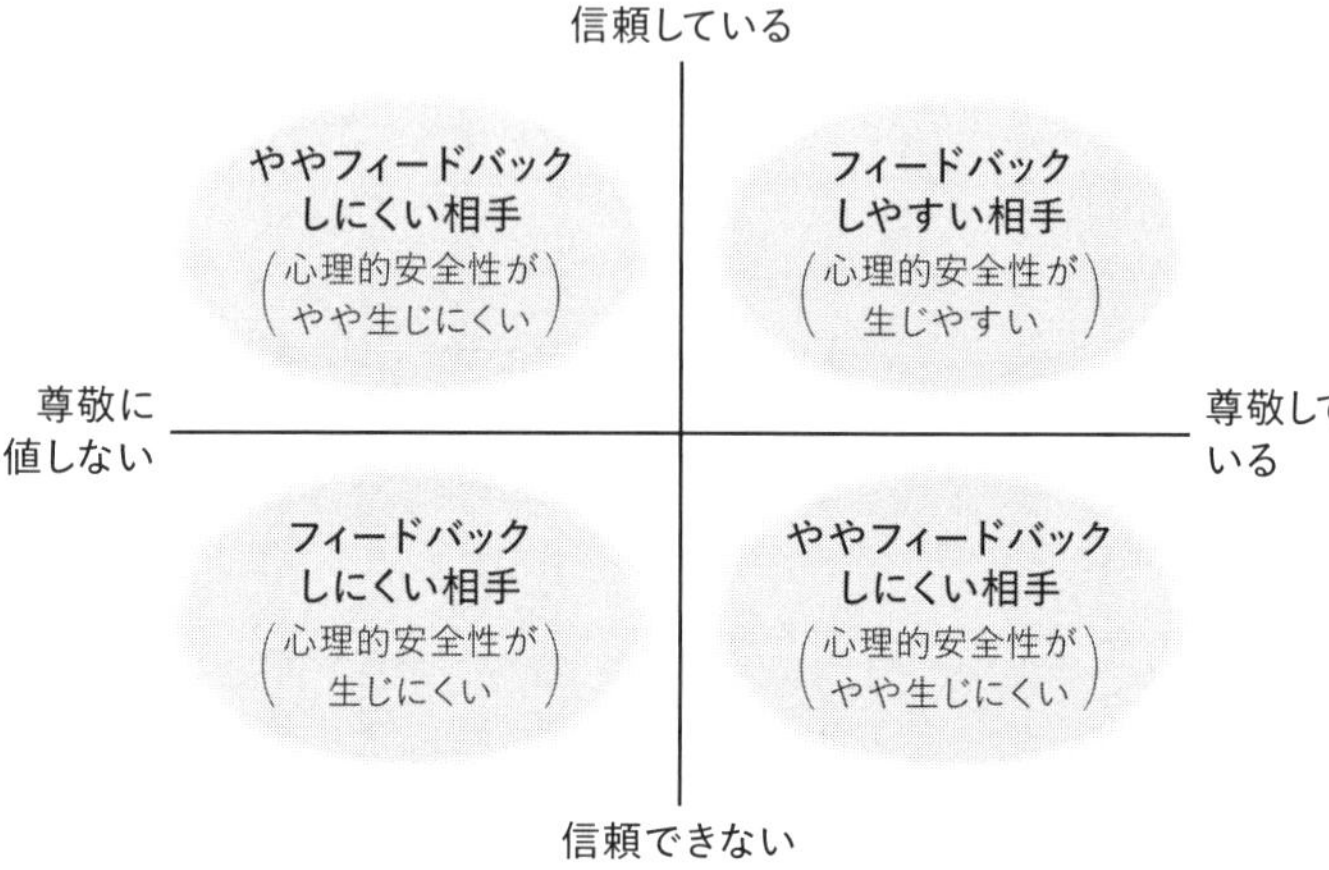

上記のフレームワークを使ったセルフチェックの例

《セルフチェックの手順》

ステップ1 各チームメンバーがどの位置にあてはまるか考え、名前と理由を書く。

ステップ2 それぞれのメンバーに対してあなたが日頃抱く感情も書き添える。

頼も尊敬もできない人との間には心理的安全性が生じにくい。

要するに、**冷静にフィードバックするには、マネジャー自身のメンバーに対する心理的安全性も重要だということ**です。

「信頼」と「尊敬」の両方、もしくは、そのうちのどちらかが欠けている相手にフィードバックする場合は、言葉づかいに注意が必要です。普段感じていることをそのまま口にしてしまっては、ただでさえ心理的安全性が生じにくい相手との間に、決定的な溝が生じてしまいかねません。


たとえば、成長する意欲が乏しくて信頼できないと思っている場合。率直に「あなたは成長意欲がないからダメなんだ」などと言っても何の解決にもなりません。そんな時は、成長してもらわないと困る状況、たとえば依頼したタスクの期限が守られない場合に予想されるリスクなどを丁寧に説明することで、成長を促す必要があります。淡々と業務内容を伝えるだけでなく、努力に対する感謝や期待、サポートの意思などを同時に伝えれば、メンバーとの感情的な対立を避けることができます。

あるいは、スキルアップに無関心で尊敬できないと思っている場合。ただ単に「関心を持ってください」といくら言っても無駄です。そんな時は、「あなたは、どんなことに興味がありますか？　どんなことだったらやってみたいと思いますか？」などと無関心になっている原因を探り出す問いかけをする必要があります。

そのような「問いかけ」も立派なフィードバックです。問いかけは、フィードバックが押しつけになって、メンバーの思考停止を招いてしまわないための方策でもあるのです。

フィードバックでは「状況」を丁寧に伝え、「即時」に対応する

フィードバックの仕方も、問いかけと同様、相手の状態や伝えるべき内容によって使い分ける必要があります。まず、**タスクの遅延のような短期的な問題に対してフィードバックを行う際には、起きている「状況」を丁寧に伝えて対応を促すことと、相手からの反応には「即時」に対応することが重要**になってきます。

たとえば、「先週の月曜に頼んだタスクがありましたよね。先週末までに結果が欲しかったんですけど、今日はもう火曜です。ここまで何の報告もないし、結果ももらっていませんね」と、まず状況とその人の行動を伝える。そして、「頼んだタスクは、大切なクライアントに昨日提出する予定だったものです。でも、間に合いませんでした。クライアントには『申し訳ございません。社内の事情で間に合いませんでしたので、もう少々お待ちください』と伝えてありますが、明日までには提出しなくてはなりません」と、どんな問

題が生じているかを率直に伝えます。これが「状況」を丁寧に伝えるフィードバックです。

それで相手が「すみません、すぐやります」と行動してくれればいいのですが、「でも、ピョーさんの依頼がすごく不明確でわからなかったから」と反論してくる場合もあります。そういう時には、「今の言い方って、相手にどういうふうに聞こえると思いますか？」とか「そういう言い方によって、僕の対応が変わると思いますか？」と、すぐに対話の中で反応しないといけません。これが「即時」に対応するフィードバックです。

尋ねている意図が相手に伝わっていないと感じた場合は、「そのような言い方をしても、状況は変わりませんよ」などと、もう少しストレートに伝えたほうがいいでしょう。

これは『世界最高のチーム』でも書いたことですが、**フィードバックは一瞬一瞬が勝負です。「状況」が明確にわかっている時に、「即時」にフィードバックをする。そうすることで、メンバーの理解と納得が進みやすくなります。**

そして、フィードバックをメンバーの「フィードフォワード」につなげいくことが重要です。ここでいうフィードフォワードは、「結果を予測して、事前に行動を変えること」を意味します。つまり、メンバーが自分で「状況」を判断して行動できるように促していくのです。

そのような対話を日々の業務の中でマネジャーと重ねることによって、メンバーのパフォーマンスは向上していきます。さらに、そのような一瞬一瞬の働きかけは、チームの「柔軟性」をも高めていってくれます。要は、各メンバーの状況判断によって、様々な変化やアクシデントに対応できるチームになるということです。

個人の成長をチームの成果につなげていくためのフィードバック

ただし、主にキャリアコーチングのような長期的な課題について対話する際には、もっと総合的なフィードバックを行う必要が出てきます。

たとえば、メンバーの行動を1年間見て、「ここは強みで、ぜひ続けてほしいな。一方で、ここをもっとこうすれば、あなたは飛躍できる」とか「ここはこんなに頑張らなくていいかもしれない」といったフィードバックをします。メンバー個人の状況と目標をチームの状況と目標に照らし合わせて、アクションの優先順位を確認し、お互いの共通認識を高めていくためのフィードバックです。

なお、そのような時に確認すべきアクションは、次の3つに整理できます。

- **スタート（start）**……こうすれば、これができるようになる
- **ストップ（stop）**……ここを気をつけてほしい、直したほうがいい
- **コンティニュー（continue）**……ここが強みで、続けてほしい

このような**フィードバックが、個人の成長をチームの成果につなげていくには不可欠**です。

「言い訳」が出た時こそ、コーチングのチャンス

本人の体調やプライベートの状況などに特に問題がなくとも、それが自分の望んでいない「やらされている作業」だったりすると、当然、モチベーションは下がります。要は、やりたくない仕事のパフォーマンスはどうしても悪くなるわけです。そんな時にメンバーの口から出るのが「言い訳」です。

でも、言い訳をいちいち認めていたら、チームとして結果を出せるはずがありません。**あまりにも言い訳が多いようなら、事前に「こんな言い方は絶対にダメ」という禁句集を作って共有するといい**でしょう。

たとえば、「この作業は○○さんから頼まれたからやっている」というのは禁句にしたほうがいい。ちゃんと自分の理屈で自分が理解したうえでやらないとダメでしょう。

「ほかの作業で忙しかったからできなかった」も禁句。引き受ける時に「今これぐらい忙

しいから、これぐらいの時間しか使えないけど大丈夫？」と一言、確認しておけばよかっただけです。

「その情報を教えてもらっていなかったから、できなかった」というのも禁句。自分のアウトプットにつながる情報を自分でインプットしにいかないのは無責任です。

どれもよくありがちな言い訳ですが、裏返して言うと、こういう言い訳がメンバーから出た時こそマネジャーのコーチングがすごく大事になってくるわけです。つまり、**なぜそういう言い訳をするのかという相手の「意図と状況」を確認して、相手の気づきを促すチャンスだということ**です。

たとえば、「じゃあ、○○の作業と僕が頼んだ作業は、どっちのほうが優先順位が高いと思いますか？」とフィードバックすれば、「よく考えたら、ピョーさんから頼まれた作業のほうが優先順位は高いよね」と、作業の優先順位に気づくはずです。

フィードバックで「認知バイアス」を解除する

前章でも認知バイアスについてお話ししましたが、コーチングは認知バイアスの解除のプロセスという見方もできます。そして、**認知バイアスの解除に欠かせないのが、マネジャーからの効果的なフィードバック**です。

ここでは、いくつか代表的な認知バイアスを挙げながら、フィードバックの仕方を見ていきましょう。

「高過ぎる自己評価」の背後にある「確証バイアス」

前述の「ピョーさんの依頼がすごく不明確でわからなかったから」という反論のように、コーチング中には、少なからず相手からネガティブな反応が出てきます。メンバーはマネジャーのフィードバックに対して、それが否定的な内容であればあるほど「自己防衛的」になりがちです。

たとえば、「私は誰よりもできるんだ」とか「私は十分にやっているんだ」とか、自己評価が高過ぎるメンバーの場合、その傾向が強くなります。１００を頼んだら30しかできていないのに、自分では１００と思い込んでいるタイプは、やはりコーチャブルではありません。

そのような人は「確証バイアス」に囚われてしまっていると考えられます。つまり、自分の仮説や信念を反証する情報を無視したり、あえて集めようとしなかったりして、都合のよい情報ばかり集める傾向のことです。

ですから、**「高過ぎる自己評価」の人に接する時は、まず、具体的な根拠を用意して、十分な準備をすることが大切**です。

常に客観的に、事実にフォーカスしてフィードバックする必要があります。パフォーマンスの中でいい点については同意し、ポジティブなフィードバックを与えます。逆に、問題がある点については、きちんとネガティブなフィードバックを与えます。そのうえで、そう考える論理的な根拠を説明してあげてください。

いずれにしても「高過ぎる自己評価」というのは、結果が出ていない状態です。だから個人の性格の問題ではなく、単に自分のアウトプットを高く評価し過ぎている「現状認識の不足」と考えたほうが建設的でしょう。つまり、このタイプへのコーチングでは、「この仕事で、あなたにこれぐらいの結果が求められます。この仕事で結果を出すには、こういうスキルが必要です。今のあなたにはこのスキルが不足しています」とか、その人のアウトプットにかかわる事実にフォーカスした状況をフィードバックして、まずその認識不足に気づかせることが大事になってきます。

「言い訳」が多い人の「現状維持バイアス」

マネジャーの「お願いしたこのタスク、まだですか?」という催促に対して、よくありがちなのは、メンバーの「別の作業が忙しくてやれなかった」という「言い訳」です。また「このタスク、お願いできますか?」という依頼に対して、「私ではなく、○○さんに頼んだほうがいいんじゃない?」という「断り」もよくあります。

こうした言い訳や断りはもっともらしく聞こえますが、じつは「そんな仕事はどうでもいい。私はやりたくない」と言っているのと同じです。

そのような人が囚われてしまっているのが、「現状維持バイアス」です。つまり、将来の問題を想定したり、対策を打ったりすることなく、現状維持を望む傾向です。前述した「成長する意欲が乏しい人」という言い方もできます。

ですから、まずは「なぜ現状に満足しているのですか？」「現状のままでいることは自分の成長や昇進の機会にどんな影響があると思いますか？」と尋ねる必要があります。そして、本人に、言いたいことを話してもらいます。

また、「確証バイアス」の時と同じように、事実確認も重要です。

たとえば「すごく忙しくてやれなかった」と言われた時には、「そうか、すごく忙しかったんですね。じゃあ、具体的にどういうふうに忙しかったか教えてください。何に何時間かかったんですか？」と、具体的な事実を確認する。このような即時フィードバックで、ネガティブな話も建設的な方向に持っていくことができます。

あるいは、「〇〇さんに頼んだほうがいい」には、「そうか、ほかの人に適性があるんですね。じゃあ、これからは新しい仕事は全部ほかの人に頼むということでいいですか？」と、少しきつい言い方で挑発してもいいかもしれません。

すると、前者なら事実ベースで解決にフォーカスした話になるし、後者なら「ちょっと待って。そうじゃなくて……」と、相手のスキルやモチベーションなど本当の問題にフォーカスした話になる。いずれにしても建設的で創造的な会話になるわけです。

最終的には、オーナーシップ（当事者意識）を持ってもらう必要がありますから、本人に取るべきアクションを挙げてもらうというのもポイントになります。フィードバックをした後には、どのように感じたか尋ねて、マネジャーからの期待が相手に伝わっているかどうかを確認することも忘れないようにしてください。

一見前向きで好ましく見える「楽観主義バイアス」

先ほどの「高過ぎる自己評価」にも似ていますが、メンバーのキャリアについて話をしている時などによく生じるのが、本人が目指している目標に適性がないケースです。

たとえば、入社間もない新人が「新規事業の開発に携わりたいです」と言ったら、どうでしょうか。新規事業の開発は、やる気だけでうまくいくほど甘い世界ではありません。既存事業に対する深い理解も必要でしょう。ただ、その積極的で前向きな気持ちは評価してあげたい。そんな時、どのようなフィードバックをすればいいでしょうか。

背後にあるのは「楽観主義バイアス」です。つまり、都合の悪い情報を見聞きしても、それを否定して「何とかなる」「自分の身には降りかからない」と信じてしまう傾向です。

この場合に大切なのは、本人の強みと限界について、はっきりとしたフィードバックを

与えてあげることです。ただし、本人を見放したと思わせないように注意が必要です。

そのために、状況に応じて、本人に適している、あるいは適していると思われる役割(現在の仕事も含む)を強調して、「××はできていますね。ただ、○○をするには、□□をここまでしっかりやってもらう必要があります。そうしなければ、こんなリスクがあるからです。××をより伸ばすためにも、今は△△のほうがよいと思います」などと伝えるようにします。

希望のポジションに就くために求められる具体的なスキルや行動をリストアップし、それらが現在の本人の強みと一致していないことを示せば、納得度が高まります。現在の仕事での経験が希望のキャリアと無関係ではないことを示し、本人のスキルや強みに沿ったキャリアが思い描けるようなフィードバックができれば理想的です。

このような様々な認知バイアスを意思決定に影響を及ぼさないように排除することは、企業経営におけるとても重要な課題です。だからこそ、Googleをはじめとしたシリコンバレーの会社は、アンコンシャス・バイアス(unconscious bias:無意識の思い込み)に関する教育を重視しているのです。

ネガティブなフィードバックをせざるを得ない時の注意点

どうしてもネガティブなフィードバックが必要になる場合でも、**相手のアイデンティティを否定するなど人格否定のような会話は、すぐに強い拒否反応、自己防衛反応が出るのでNGです。**「ぶち切れリスク」が高まる会話なので、できるだけ丁寧な言い方を心がけましょう。

たとえば、「チームの雰囲気が悪いのはあなたのせいだ」という言い方は人格否定的な表現で、逆ギレされると思ったほうがいい。たとえその人の言動が原因だったとしても、「最近うちのチームの雰囲気、どう思いますか？」と、現状をきちんと認識してもらう問いかけから対話に入ったほうが、相手は受け入れやすいわけです。

そう尋ねたら、冷静に「あまりよくないと思います」と答えるはずです。そこで「なぜそうなっているんですか？」と尋ねる。「××さんが悪いからですよ」という答えであれば、「じゃあ、要はあなたと××さんの関係がよろしくないということですね?」と、具体的な問題点に踏み込んだ対話に入っていきます。

この対話のポイントは、「××さんが悪い」という主観的な現状認識を「自分も問題に影響している」というより客観的な現状認識に変えることにあります。それができると、話の内容が問題を解決する「自分の行動」にかかわるものへと変化し、対話がより建設的に進みます。

もちろん、行動レベルの話でも「あなたにコミュニケーション能力がないからだ」といった言い方は人格否定になるので気をつけましょう。

ストレートに伝えるなら、たとえば「〇〇さんと××さんの関係が最近、気になっています。定例のチームミーティングで毎回、言い争いをしています。それによってほかのチームメンバーが萎縮して、心理的安全性を失っています。定例には2人の緊張関係を持ち込んでほしくありません。2人でよく話し合って解決してください」と言えば済むでしょう。でも、それだと「相手の気づきを促し、自ら行動してもらう」というコーチングにならないので、本当の意味での成長につながりません。

「自分の行動」は誰にでもコントロールできます。裏返すと、誰にも他者の行動はコントロールできないということでしょう。なので、**マネジャーにできるのは、あくまでも「メンバーが建設的な行動が取れる環境を作っておく」ことしかない**わけです。

つまり、メンバーの態度を変えなければならない、能力を高めなければならないという場合でも、命令するのではなく、自ら望ましい行動が取れるように、「どういう話をすれば相手が受け入れてくれるんだろう」と考えることが大事です。

そして、**すぐできる「アクションプラン」に落とし込むことも大事**になってきます。たとえば、「××さんとの関係を改善してもらいたい。まず、今週の定例ミーティングで言い争いにならないように建設的な言葉づかいをお願いします。そして、今の状態を解決するために、僕も含めた3人での打ち合わせを設定をしてもらいたいです」などと最後にこれから行うアクションを確認します。要は、相手があまり悩み過ぎず、自分ですぐに取れる行動にたどり着くようにフィードバックしながら、対話を進めたほうがいいわけです。

感情は期待や約束と結果のギャップに左右される

自分の価値観や信念が侵害された時、つまり、自分が「これは正しい」と思っている「大切にしたい」ものが奪われた状態の時には、マイナスの感情がわいてきます。逆に、それらが大切にされているとか評価を得ているという時には、プラスの感情がわいてきます。

これは要するに、感情というものが期待や約束と結果とのギャップによって左右されるからなんです。期待していたことにそのままたどり着いたとか、約束されたことがそのまま果たされたとか、ギャップがゼロの状態は、感情的にもゼロ状態。期待や約束を上回る結果が出た場合はポジティブなギャップなので、プラスの感情が出てきます。逆にそのギャップがネガティブであれば、マイナスの感情が出てくるというわけです。

Amazonでの買い物もそうでしょう。欲しい商品が安く、早く手に入るということで、Amazonで買い続けている人もいます。けれども、違う商品が届いたり価格がクオリティに合わなかったり時間通りに届かなかったりしたら、買うのをやめてしまいます。

つまり、期待や約束と結果の間のギャップがマイナス方向に大きければ大きいほど信用を失い、逆にプラス方向に大きければ大きいほど、信用が増すということです。

さて、**メンバーが現状を否定する感情的な言葉づかいをしている時には、マネジャーは「氷山の一角」と考えたほうがいい。**つまり、その人の価値観や信念が期待しているところと実際に出ている結果との間に、自分の中ではネガティブなギャップがあるわけです。

だからマネジャーはそのギャップが何と何の間にあるのか、「価値観は何？」「信念は何？」「得た結果は何？」ということをいちいち確認しながら対話する必要があります。

たとえば、メンバーが「やだー、やだー」とすごく感情的になっている時には、まず「ちょっと待ってください。何が嫌なんですか？」と尋ね、落ち着かせてから「具体的に何が欲しかったんですか？」と尋ねる。そして欲しいものがわかったら「じゃあ、なぜそれが欲しかったんですか？」とか「なぜそれが大切なんですか？」とか「なぜそれが正しいと思ったんですか？」と尋ねます。

「だって、それは普通だよ」と素っ気なく答えるかもしれません。それでも「普通って具体的にどういうことですか？」とか「あなたが普通と思っている大切にしていることって何ですか？」と尋ねる。こうした対話を続けることによって、ようやく「欲しいもの」と「得ていないもの」の間にあるネガティブなギャップの中身や大きさが確認できるわけです。

その「欲しいもの」が非現実的なものである場合もあります。もし価値観や信念がチームに合わないのであれば、「本当にそれを大切にしているなら、ここでは得られないですよ」と、気づかせるフィードバックが必要になってくるでしょう。

たとえば、あなたが宅配サービスのマネジャーであれば、「自由に働きたい」と思っている文句の多い配達メンバーに対して、「完全に自由に働けるわけではないから、もうちょっと違うバイトをやったほうがいいんじゃない？」とフィードバックせざるを得ないわけです。

子どもの頃の経験や親などとの関係から、深層心理がわかる

人間が「嫌だ」と感じることのほとんどは、子どもの頃に親やきょうだいにやられて嫌だったことだと考えて間違いないと思います。

僕の場合、「これが決まりです」とか「ルール通りにしてください」と言われるのがすごく嫌い。なぜそんなに嫌か考えると、自由を奪われるからです。僕は自由をすごく大切にしていて、もう反射的に「法律に禁止と書いていないんだから、別にいいじゃん」と思う。

たとえば東京の街を歩くと、あちこちに「この先ご遠慮ください」という看板が立っています。すごくイライラします。「ここ公園だし、法律的には入れるんだけど、何でダメなの？　誰が決めたの？　何で入れないの？」とか「危ないから？　何が危ないの？　空から何か落ちてくるの？　全然危なくないよ、ここ」とか思ってしまう。

本質的な理由がないのに個人の自由を奪うもの、単に誰かの思いつきの「こうしちゃいけない」というのは、みんな後づけで決められたことで、とてもバカげたことだというのが、いわば僕の価値観です。

その深層心理を考えると、共産主義の独裁だったポーランドで子どもの頃を過ごしたという経験が影響していると思います。戒厳令なんかも経験しましたから。それに、ポーランドには100年以上も他国に支配された歴史があって、自由を取り戻した今は、自由を守るのが文化だという価値観もあり、その影響もありますね。ちなみに、ポーランド語で「自由」のことを「wolność（ヴォルノシチ）」と言います。この言葉はメディア、教育、家庭でも大切にされていて、よく使われます。

また、このような深層心理には、親からの影響も大きく関係しています。僕が子どもの頃、母は割と何でも許してくれる「グッドコップ」で、父は真逆の「バットコップ」でした。母はおねだりするといろいろ買ってくれる。でも「お父さんに言わないで。ばれたら取られちゃうから」と口止めをする。だから、常に「お父さんに制限されている」という抑圧感がありました。父に直接「何でダメなの？」と聞いても、ちゃんと説明しないで「何でじゃなくて、あなたの親だから」としか言わない。それがとても嫌だったわけです。

自由を奪われることが大嫌いな今の僕には、子どもの頃のポーランドでの体験や親からの影響が深層心理になって働いているんです。僕はティーンエージャーでそれに気づいていたけれども、ほとんどの人は、なかなかそういうことに気がつかないと思います。僕の中にだって、まだ気づいていない深層心理がいっぱいあるかもしれません。

要は、**誰でも「自分は何か深層心理の影響を受けている」とわかったうえで、いろいろ考えたり行動したりしたほうがいい**ということです。たとえば僕は、それがわかっているから、怒りにまかせて無理やり立入禁止の場所に入っていくことはしない。「あっ、そっか、そっか。ピョートルってこういうことに腹を立てるんだよね」と客観視できると、自然にクールダウンするわけです。

つまりコーチングする時には、自分と同じように相手にも「深層心理の影響がある」と理解していたほうが落ち着いていい対話ができるんです。

特に、子どもの頃の経験や親やきょうだいとの関係は、その人の深層心理を知るうえで重要です。心理学用語で、怒りや拒絶反応のきっかけになるような言葉や経験のことを「トリガー（trigger）」と言いますが、子どもの頃の経験や親やきょうだいとの関係がトリガーになっているケースは多いからです。

僕は一緒に仕事をする人と飲みに行くと、よく子ども時代や家族のことを話題にします。

もちろん、親やきょうだいとの関係が希薄だったり、否定していたりすることが単純に悪いというわけではありません。ただ「親が嫌い、もう話したくない」という人の話を聞くと、多くは何かの思い込みが原因になっています。そして親を既に亡くしている場合には、「ああ、もっと話せばよかった」と後悔しているんです。「じゃあ、何でもっと早く話さなかったの？」と尋ねると、「自分が頑固だった」とか「親がうっとうしかった」とか、そんなふうに答える人が少なくありません。

じつは家族との関係で思い込みが激しい人や頑固な人、うっとうしがる人は、仕事上でもアンコーチャブルな状態になる可能性が高い。逆に、家族と建設的な関係を持っていて、家族でコーチングのような会話をしていた人は、コーチャブルな状態を維持できる可能性が高いのです。

だから僕は、長期的な人間関係を考えて、特にチームメンバーとはよく親やきょうだいの話をしています。それによって人間の深層心理ができあがっていて、その深層心理が働いていろいろ言動に影響が出てしまうからです。

もちろん仕事上、みんなとすごくコーチャブルに頑張ってパフォーマンスを出している時には、実際のアクションでその人の価値観や信念が満たされていると考えていいし、深層心理なんて気にする必要はありません。ただ、パフォーマンスを出していない状態で、マネジャーが「どうしたの？」というコーチングをする時には、子どもの頃の経験や親やきょうだいとの関係にもわかる範囲で気を配りながら、対話したほうがいい。

ただし、そのような深層心理にかかわる部分については、あまり深入りしすぎないほうがいいとも言えます。第4章（166ページ）で「境界線」を引くことの大切さについてお話ししていますので、そちらも参考にしてください。

若手には「努力をほめる」フィードバックを！

明確なキャリアの目標や自分の目指す将来像を描けないまま、単に「将来が心配だ」とか「こうなったらどうしよう」とか、漠然とした不安を抱えている若いビジネスパーソンも少なくないようです。つまり、**いつもどこか「もやもや」している。こういう心理状態では、なかなかパフォーマンスは上がりません。**そんな時こそ、まさにマネジャーのコーチング、フィードバックの出番と言えるでしょう。

不安やもやもやは、自分でコントロールできない状況の時に陥る心理状態と言えます。ただし、そうした状況に、どれくらい悩まされるかは人によって異なります。

たとえコントロールできない状況でも、自分がすごく結果を出していたら、自分の欲求や行動と出る結果との間のギャップが小さいので、いわゆる自己肯定感が生まれます。自己肯定感があったら不安は少なくなります。つまり「成功体験」があるかないかが、もやもやの度合いを決めるひとつの要因です。

「ロールモデル」の有無も要因になります。たとえば、「○○さんが見せてくれたとおりやれば、自分にもできるんだ」というお手本があると、不安は少なくなります。

「想像体験」も要因になります。「これをこうすれば、ここまでできるだろう」というイメージはコントロール感覚につながります。具体的な想像があると不安は少なくなります。

「言語的な説得」も関係してきます。「あなたならできる」と信頼している人に言われると、不安は少なくなります。

要は、成功体験がない、ロールモデルがいない、想像できない、さらに「あなたにはできない」と言われると、どんどんもやもやしてくるんです。

なので、**若いメンバーをコーチングするマネジャーには、「言語的な説得」をしながら「成功体験」を与えたり「ロールモデル」を提供したり「想像体験」を支援したりして、不安を少なくしていくことが求められる**わけです。

第1章で紹介した「グロース・マインドセット」は、もともとは子どもの教育分野で始まった理論で、もう長年にわたってたくさんの実践例が積み上がっています。その中で**圧倒的に結果を出しているのが「才能より努力をほめていく」という手法**です。

たとえば、すごくピアノの才能がある子どもを「あなたは天才だ」とほめる。すると「もういいじゃん、ここまで弾けるし」と鼻が高くなって、成長が止まってしまいます。そうではなく、「ここまでよく頑張ったね。じゃあ、次どこまでいくの？」と声をかけると、子どもは「まだまだ頑張るんだ、もっともっと成長していくんだ」となるわけです。

また、ピアノの才能がない子どもには「なかなか上達しないようだから、ピアノはやめよう」と言わないほうがいい。そうではなく、「ここまで頑張ったんだから、もうちょっと弾いてみよう。そうだ、サッカーも頑張っているよね。サッカーとピアノ、どっちのほうが頑張りやすい？」と尋ねる。「うーん、サッカー」と答えたら、「そうか、サッカーやりたいんだ。じゃあ、ピアノよりサッカーに集中しようよ」と導いていく。こういう対話のほうが子どもの未来を作ります。

マネジャーのメンバーに対するフィードバックも、これとよく似ています。

第4章

チームを成果まで導く「対話の仕組み」

ローコンテクストを前提に、心理的安全性の高い環境を作る

コーチングは、チームメンバーが日々働く中で抱く様々な悩みを乗り越えていく手助けをする営みと言ってもいいでしょう。

たとえば、外資系企業の人事評価はパフォーマンス重視です。なので、メンバーにとって一番悔しいのはパフォーマンスを出せないこと。パフォーマンスが悪ければ、チーム内での会話も、たとえ建設的な言い方だとしても、やはりネガティブなものになってしまいます。だから、みんないつも自分のパフォーマンスについて悩んでいます。一方、日系企業では、みんなが悩むのは人間関係です。「上司に何も言えない」とか「○○さんとうまくいかない」とか。

一概にどっちのほうがいい、どっちのほうが悪いと言えませんが、人間は、すごく人の目を気にする社交的な動物です。だから「尊敬されている」「信頼されている」といった

ことが感じられなくて、なおかつそれを自分でコントロールできない状態だと、すごく精神的な負担が増します。僕が働いたり見たりしてきた環境の中で言うと、外資系、日系ともに、それが原因のひとつとなって「メンタルヘルス」を損なう人が10人に1人くらいいる印象です。

つまり、理由はパフォーマンスだろうが人間関係だろうが、じつはいつも「どういうふうに人に見られているか」をすごく気にしているわけです。その心理は、外資系企業で働くメンバーも日系企業で働くメンバーも変わりません。

なので、マネジャーはメンバーを常にちゃんと見て対話を重ねないといけない。**コーチングの前提になるのは、「自分のことをちゃんと見てくれているんだ」というメンバーの実感**です。つまり、コーチングのスタートは、対話を通じてメンバーの「心理的安全性」を作ることになるわけです。

日系企業でも心理的安全性が重視され始めている

日系企業では近年、この心理的安全性が盛んに言われるようになりました。そのために、たとえば、「ちゃんとフィードバックを伝える」とか「定期的に1on1《ワン・オン・ワン》をやる」とか「明確なゴール設定をする」とか、そういうマネジメントの仕組みを取り入れる会社が増えています（１on１については１４５ページで解説します）。

これは、**日系企業の文化が「ローコンテクスト」になってきている**ことの表れだと思います。改めて確認しておくと、ローコンテクストというのは、コミュニケーションの前提となる言葉や価値観などがみんなに共有されていない状態です。

これまで日系企業はその反対の「ハイコンテクスト」の文化でした。コミュニケーションの前提は「わざわざ言わなくても、みんなわかっているよな」で済ませてきた。なので、メンバーの心理的安全性を考えない会社が圧倒的に多かったわけです。

それがローコンテクスト化してきた。その背景には、グローバル化や中途採用などによって人材のダイバーシティ（多様性）が進んでいるほか、世代間ギャップの増大など、日系企業で近年進んでいる環境変化があります。

ただ一方で、じつはハイコンテクストな文化のほうが心理的安全性を高める環境を作りにくくて、メンバーの気持ちが落ち込みやすい。言葉を尽くして説明しなくても伝わるだろうという前提で、みんなが動いているからです。

逆に、**ローコンテクストな文化のほうが、丁寧に言葉を尽くして建設的な伝え方をせざるを得ないがゆえに、心理的安全性を高める環境を作りやすくて、メンバーの気持ちが落**

ち込みにくいという「法則」があります。だから、たとえハイコンテクストな文化が残っていても、ローコンテクストを前提に「毎週1 on 1でフィードバックとゴール設定をやりましょう」などと、心理的安全性を高める環境作りをする日系企業が増えてきたわけです。

つまり、メンバーがマネジャーに「これが欲しくて、ここまでやります」というのを明確に伝えられるチームのほうが、格段に働きやすいし、パフォーマンスが上がるということに、ハイコンテクストだった日系企業もようやく気がついたということです。

要するに**どんな会社であっても、ローコンテクストを前提に心理的安全性の高い環境を作っていく、落ち着いて何でも言える状態を作っていくというのが今日、最も求められているマネジャーの役割であり、コーチングのポイント**です。

心理的安全性を保つ「裏のデザイン」

ビジネスパーソン向けのセミナーなどで心理的安全性の話をすると、いろいろ質問をいただきます。中でも多いのが「心理的安全性を保っている会社って、どんなことをしているんですか？」というもの。

単に「お互いに疑わないようにしましょう」などと言うだけで「はい、信用しました」なんてなるわけがない。そこで**ポイントになるのは、メンバー一人ひとりがどんな行動をしているかについて、必要十分に共有できる仕組みを作ること。**対話によって信頼関係を醸成するためには、対話をサポートするオープンな情報共有、いわば「裏のデザイン」が不可欠です。

たとえば、当社はコロナ禍をきっかけに、原則フルリモート、フレックスタイムにしました。どうしてもパートナーさんのオフィスに行かないといけない時もありますが、社内の打ち合わせは、今は全部オンラインです。GoogleやTwitterなど、リモートワークを推奨している会社はたくさんあります。

もちろん、フレックスタイムだからマネジャーが時間管理をしなくていいということではない。僕はあまり好きではないけれども、もちろん、メンバーが残業しすぎないように管理は必要です。なので、Googleカレンダーなどを使って、きちんとメンバーのスケジュールを管理して、毎日の動きを把握できる仕組みにしています。

Googleカレンダーにはみんなの予定が入っています。それを見たら、たとえば、あるメンバーが「○日に○○社とミーティングをする」とわかる。個人作業もGoogleドキュメントで共有しているので、その日に何をしたかというのがわかるようになっています。

そういう仕組みがあるから、いちいち報告してもらわなくてもみんながどういう動きをしているか、ちゃんと把握できる。ただ、それは「今、何をしているか」という本当のところが、わかるかわからないかくらいの微妙なラインに、わざと抑えています。

Googleカレンダーの中には空白もあります。メンバーはそこでご飯を作っているかもしれないし、仮眠しているかもしれない。僕は、その辺はわからなくても全然オーケー。

もちろん、僕の動きもオープンです。全メンバーがこうしたお互いの動きを共有しているわけです。たとえば、第2章でもお話ししましたが、当社ではOKRで「目標」設定をしています。ＯＫＲについては第５章（２１７ページ）で詳しく解説しますが、個人個人がこの四半期で何をどれぐらいやるか、誰が実行責任者か、結果責任者か、協力者かといったことを明確に言語化していて、それも全メンバーにオープンになっているんです。その目標に対して、誰がいつ何をやるか、どこまでやれたかというのは、いつ誰が見てもわかるようになっています。

しばしば「オフィスにいると、急に別の仕事が降ってくる」という話を聞きますが、それは各メンバーの目標を設定し評価する仕組みがない証拠です。つまり、会社全体の目標に対して「誰が、いつまでに、何をして、どんな成果を出す」という明確な目標がメンバーごとに設定されていない。

要するに、**マネジャーを含めたメンバーみんなで、建設的な意味で、お互いに「監視」できる仕組みが必要**です。そういう「裏のデザイン」によって、どんどん建設的で創造的な会話ができるようになるし、メンバー同士の信頼関係、チーム全体の心理的安全性も高まっていくわけです。

対話のプロセスが回らないチームは成果を出せない

コーチングは「仕組みとプロセス」にかかわる話でもあります。

僕が働いてきたGoogleやモルガン・スタンレー、そして当社では、各メンバーの「目標」にかかわる仕組みやプロセスが明確です。当社が導入している仕組みはOKRです。プロセスとしてはその評価を四半期ごとに行い、その間に定例のチームミーティングを行うのですが、いつの定例で誰が何の話をするかということまで決まっています。

当社の定例では、OKRとその時々の案件の進行度合いを各自が「報・連・相（報告・連絡・相談）」します。もちろん、ただの報告会ではありません。具体的にこれから何をするかということを僕だけじゃなく、メンバー同士でコーチングし合う時間なんです。

加えて、定期的に「1on1」もあります。1on1はマネジャーとメンバーが1対1で対話する貴重なコミュニケーションの時間で、近年多くの企業が導入している仕組みですが、その主眼はメンバーに話してもらうこと。つまり、**メンバーの話に積極的に耳を傾けることがマネジャーにとっての1on1の第一の目的**です。メンバーはOKRや案件の話をしてもいいし、自分のプライベートの話をしてもいい。メンバーが問題を解決する、乗り越えるためにコーチングを受ける時間が1on1です。

毎週金曜には週報を書きます。今週はこれをやったと。それを翌週月曜の定例に持っていくわけです。週報はOKRのアップデートされたものでもあります。

ごく簡単な仕組みやプロセスですが、メンバーと一緒に考えて作ったものです。コンサル会社に言われたマネジメントの仕組みとか人事制度をそのまま導入している会社もありますが、**「そのままやります」ではなく、やはり自分たちで考えないと成果は上がらない**でしょう。

きちんと対話していないと正当な人事評価はできない

人事評価は、ちゃんと対話していないと正当に判断できないものです。なので、あなたの会社で率直かつオープンな対話が成り立っているか、改めてよく見直してみてください。チームのメンバー同士、マネジャーとメンバーの間できちんと対話しているかはもちろん、マネジャー同士、部長同士、役員同士と、それぞれの役職レベルでちゃんと対話が成り立っているか。成り立っていないとしたら、やはり対話の仕組みやプロセスがない状態と言わざるを得ません。

そういう状態では、本当の意味での人事評価は不可能です。**何千人、何万人と社員がいる会社で、対話を含めて明確なマネジメントの仕組みやプロセスがなければ、誰がどんなゴールに対しどこまでやっているか、誰にも見えない**でしょう。誰がハイパフォーマーかアンダーパフォーマーか、会社が評価することもできないはずです。

それでもハイパフォーマーとアンダーパフォーマーを判断しているとしたら、それは独善的な評価になっているということです。たとえば、たった3人の部長が話し合って決めているという具合に。

もちろん、ちゃんと人を見て評価しているケースもあるでしょう。ただ悪いパターンだと、自分たちがやりやすい、自分たちのわがままを聞く、自分たちに従ってくれる、自分たちのクローンのようなメンバーを高く評価してしまいます。それは結局、今の会社全体や会社の将来にとっていいことなのかという点が整理されないまま、人事評価が行われている危ない状態です。

また、**対話の仕組みが整っていない、そのプロセスがちゃんと回っていないのは「エビデンスがない」ということを意味しています。**たとえば、対話のメモが残っていないと、どれぐらい頑張って、どこまで何をやったか、どれぐらいサボったかという証拠がありません。エビデンスのない評価は、やはり独善的です。

そういう企業の中間管理職のマネジャーが本当にかわいそうだと思っています。マネジャーになったはいいけれども、超怠け者のメンバーのボスになった場合、自分ではどうしようもないわけです。

たとえば年1回、異動希望が出せるなら、ラッキーであれば1年後に違うチームのマネジャーになれるので我慢できるでしょう。でも、その後にもそこに超怠け者は残っているから、別のマネジャーが苦労します。

つまり、どんなにやる気があるマネジャーであっても、とりあえずアンダーパフォーマーに向き合い続けるという宿命は延々と続くわけです。これも仕組みやプロセスがないせいで起こっている、決して小さくない弊害だと思います。

キャリアに関する価値観や信念を吐き出してもらう

なぜその人はパフォーマンスを出せないのか。いろんな理由が考えられますが、たとえば、配属部門のミスマッチ。「この仕事をすべきではない」という状態に置かれているだけかもしれない。違う仕事をやらせたら圧倒的なパフォーマンスを出すことも十分にあり得ます。

一方、**パフォーマンスを出しているメンバーに対しては、どういうふうに次のレベルに持っていくか、いかに飛躍させるかを考えながらコーチングしなければいけません。**つまり、キャリアコーチングが必要になってきます。次のような問いかけをして、今後のキャリアについても一緒に考えてあげるのです。

- **あなたが成長を必要としている分野は何ですか？**

- **あなたの強みは何ですか？**
- **バランスが取れていないと思う部分はどこですか？**
- **あなたは、どのような結果を望んでいますか？**
- **今、一番あなたの助けになることは何ですか？**

キャリアアップの仕方は、まさに人それぞれです。大手企業だと「このラインに乗らないとダメ」と思われがちですが、実際には様々なルートがある。まして今は副業できる会社もあるし、会社の外にいろいろなコミュニティがあります。だから、メンバーがもっと輝ける、飛躍できる状態をどういうふうに作っていくか、本人と一緒に考えていくことが大事です。

ただ残念ながら、多くの企業では、「人が辞めないように頑張らなければならない」というような組織運営が行われています。つまり、急激に成長させたら会社を辞めるんじゃないかと考えていて、少しずつキャリアアップさせる、いわばハイパフォーマーの足を引っ張る仕組みになっている。これでは、かえって人が辞めたいと思うし、会社全体の成果も上がるどころか下がってしまいます。要は年功序列が典型ですが、とても危ない仕組みです。

当社を2年間で辞めて、自分の会社を設立したメンバーもいますが、それでちゃんと活躍してくれれば、僕はとてもうれしい。機会があればいつでも一緒に仕事したいし、将来的に経営パートナーになってくれるかもしれない。だからメンバーが会社を辞めるのは全然怖くありません。

実際、そのメンバーから独立したいと聞いたのは辞める1年半前ですが、その時から「いつまで、どういうふうにする」というのを一緒に考えました。僕はチームを大切にしているので「チームに迷惑をかけないやり方にしなさい」と伝えた。そのうえで一緒に、少しずつ会社の業務と同時進行で準備したわけです。

独立も社内での飛躍も変わりません。要するに**キャリアコーチングでは、メンバーが持っている価値観や信念、心の中で大切にしているものや心の中で信じているものを整理して、それをより強くして、心の中だけじゃなく、外に吐き出してもらうプロセスが大事な**んです。

マネジメントの仕組みの問題はあるにしても、チームにおいては、メンバーが「欲しいものを言えない」からマネジャーが「欲しいものがわからない」という状態を作ってはいけません。

つまり、マネジャーはメンバーが「私はこういうことを目指していて、こういう仕事が好きだから、これをやらせてほしい」と言える状態を作っておけばいいわけです。そして、マネジャーとメンバーが一緒に「やらせてください」と言い続けていたら、役員や社長の耳に入って、たとえ年功序列であっても「すごくやりたがっているから、やらせよう」と特別プロジェクトを立ち上げる可能性は十分にあります。それによってマネジャーもメンバーも飛躍できるのです。

コーチングに使える「パフォーマンスパイプライン」

もちろんマネジャーは、アンダーパフォーマーに対してもコーチングする必要があります。どういうふうに取り組めばよいのか。**パフォーマンスにかかわる6つの要素を示したフレームワーク「パフォーマンスパイプライン」（図表5）に則して考えてみましょう。**

1つ目の要素は**「認識」（本質の理解、気づき）**です。これは何が求められているかをちゃんとわかっているかどうか。つまり、自分の仕事に関する現状をきちんと認識しているかどうかです。それがわからないままでパフォーマンスを出せるはずがない。要は、何をすべきかが明確に理解できているかどうかによって、パフォーマンスは変わり得るということです。

図表5 パフォーマンスパイプライン

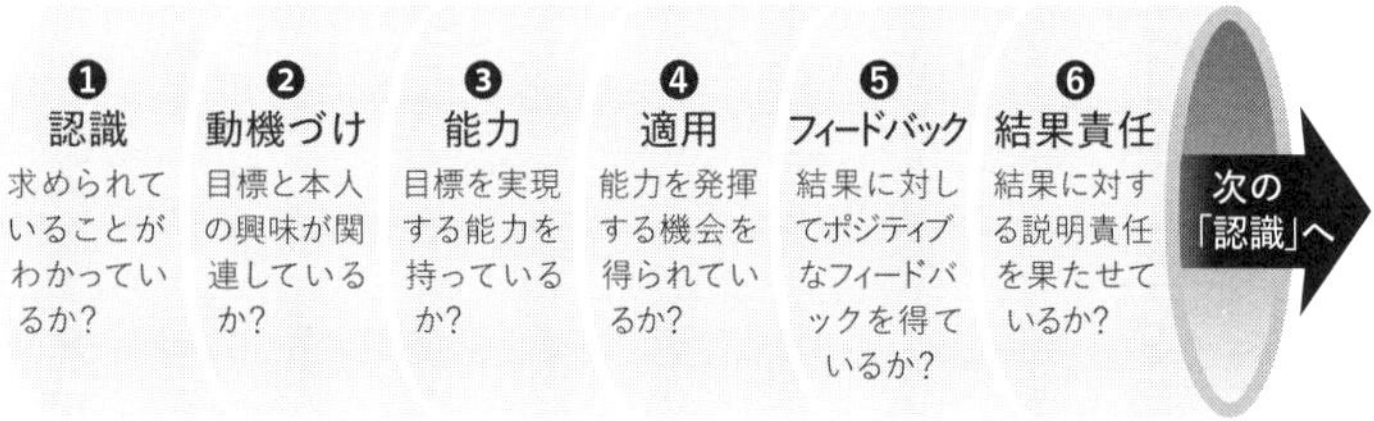
❶ 認識
求められていることがわかっているか?
❷ 動機づけ
目標と本人の興味が関連しているか?
❸ 能力
目標を実現する能力を持っているか?
❹ 適用
能力を発揮する機会を得られているか?
❺ フィードバック
結果に対してポジティブなフィードバックを得ているか?
❻ 結果責任
結果に対する説明責任を果たせているか?
次の「認識」へ

2つ目は**「動機づけ」**。これは文字通りやる気があるかどうか。つまり、自分にある程度の自由があって、仕事が自分の興味、関心、学びたいことに近いかどうかによってパフォーマンスは変わり得るのです。

3つ目は**「能力」**。文字通り、その仕事をする能力があるかどうか。この能力の高低はレベルアップする機会があるかどうかによっても左右されます。また、その前提として、何の能力を伸ばせばいいのかをちゃんとわかっているか、さらに学びたいというやる気があるかが大事になってくるので、1つ目の「認識」、2つ目の「動機づけ」にもかかわる要素です。

たとえば、パートナーさんに対するコ

ミュニケーションの力がまだまだというメンバーがいたとします。ある時、新規のパートナーさんへ提案書を作って3日以内にメールで送るように頼んだら、締め切りが過ぎてしまった。マネジャーが「まずいから、すぐ送ってください」と催促して、ようやく送った。こういう場合、送ると同時に、すぐに電話でフォローをしてほしいですよね。それで、電話をしたか確認したら、「メールを送ったから大丈夫ですよ」と平気な顔で言われた……。

つまり、何がまずいのか気づいていないし、自分の役割を果たす意欲もないわけです。だから、「先方がメールに気づかないかもしれないでしょ？　すぐ電話してください」と、マネジャーはまた催促しなくてはならない。能力だけじゃなく、仕事に対する本質的な理解（締め切りの厳守やパートナーさんのフォローが必須という感覚）や意欲がない人には、こんなふうにいちいちフィードバックしないといけません。

要は、きちんとした認識がないと能力は伸びないし、能力がないと本質的な理解も深まらない。だから、モチベーションも上がらないという悪循環があるわけです。ですから、やるべきことの意味や価値に対する認識をきちんと高めてあげることが、意欲を高めるためにも重要という言い方もできます。

4つ目の要素は**「適用」**です。これは能力を使う機会があるかどうか。たとえば、どんなにプレゼン資料を作る能力が高くても、それに見合ったタスクが与えられなければ、せっかくの能力も使えません。

5つ目は**「フィードバック」**。これは結果に対して評価や感謝を示しているかどうか。初めてのタスクなどで、すぐに結果を出すのが簡単ではないという場合は、「適用」で機会を得てから「フィードバック」を受けるまでの間には、時間的な「余裕」が必要になります。

最後の要素、6つ目は**「結果責任」**です。つまり、その仕事の結果を説明する責任があるということがしっかりわかっているかどうか。仮に、それがわかっていないようなら、マネジャーがどのような説明が必要なのかという「認識」を高めるフィードバックをきちんとしてあげ、説明する能力を高めるなどのコーチングをすることになります。

素直に「意図と情報」に向き合えるのがコーチャブルな状態

要するに、**メンバーのパフォーマンスを上げるためには、6つの要素ごとに段階を追い**

ながらコーチングする必要があるということです。求められていることが本当にわかっているか確認する、モチベーションを確認する、能力を確認する、能力を発揮する機会の有無を確認するなど、そのつど適切なフィードバックを伝える。そして最後の結果責任から、また新しい「認識」を得てもらう。

特にアンダーパフォーマーは、求められていることに気づいていないからやれない、動機づけがあまりなくてやれない、能力がないからやれない、能力を持っているけれどもこのチームでは生かせないなど、パフォーマンスパイプラインのどこかで「目詰まり」を起こしています。その一個一個について、相手のレベルに合わせてより丁寧にフィードバックを伝える必要があるわけです。

もちろん、スキルが高くて意欲もある人なら、自ら6つの要素を意識してパフォーマンスを上げていきます。たとえば1つ目の「認識」の段階でも、自分から何が求められているか、マネジャーにきちんと確認します。

ハイパフォーマーの場合、常に適切なタイミングで僕に報・連・相をしてくれます。「今日は○○さんに会います。○○さんはこの案件のこういう人で、こういう話をしてほしいということです。ピョーさんの役割はこれです」とか。これはその人個人のパフォーマンスだけでなく、僕を含めてチーム全体のパフォーマンスを上げるわけです。

一方、「この提案、送ったの？」とか「提案を送って、パートナーさんとどうなったの？」と、いちいち聞かざるを得ないというのは、チームのパフォーマンスも下げてしまうので、非常に問題です。

たとえば僕にも、アンダーパフォーマーに対して、「この案件を受注するためにはこういうステップを踏んで、利害関係者を巻き込んでいくんだ」と、繰り返しコーチング（厳密に言うと、これはティーチング）したものの、その案件が全く動いていなかったという経験があります。

そのことを定例のチームミーティングで指摘したら、「でも、私やっていますよ」と言う。ほかのメンバーが「やっているって、何も進んでいませんよね？　先週の週報と今週の予定、書いてあることが同じじゃないですか？」とフィードバックしても、「でも、書いていないだけでやっているんです」と言い訳を繰り返す。すごく自己防衛的になっているんです。

このような状態に陥った一人のメンバーに、僕は、「あなたって、詳細にこだわらない人なんですね」と言いました。すると「そう、あんまり細かいことにこだわらないんですよ」と、うれしそうに返事をした。普通はすぐピンとくるでしょうが、僕が言いたかったのは「詳細にこだわってほしい」ということ。それさえ伝わらないのですから、この人は、もうコーチャブルな状態ではなくなっているということです。

コーチングの意図と情報をちゃんと受け取って、しっかり意図と情報に向き合うというのがコーチャブルな状態です。「そうか、そうか、確かにそういうこともあるよね」とか「ちょっと待って、確かに考えてみればこうだよね」とか、そういう対話にならなければ、コーチングは成立しません。

コーチングを受ける最大の目的は、自分の頭を整理して、自分のアウトプットを高めていくことです。それをコーチングする側はもちろん、受ける側もわかっていないと、結局コーチングの成果は上がらないのです。

自己防衛モードを解除して、働くモチベーションを確認する

人間は「恐怖」を感じると「自己防衛モード」に入ってしまいます。脳科学の立場から言えば当然のことで、身の危険を感じるとニューロン（神経細胞）が反応するんです。

人間が避けようとすることの代表的なものと言えば、「痛み」「拒否」「恐れ」でしょう。

一方、積極的に得ようとすることと言えば、「喜び」「社会的承認」「希望」です。

たとえば、車にひかれそうとか誰かに殴られそうとか、何かの危険にさらされた時、人間はどう行動するか。英語では「fight, flight, freeze」と言いますが、「戦うか、逃げるか、止まるか」という超シンプルな三択のモードになって、速やかにいずれかの自己防衛を行います。

ただし、**人間が恐怖を感じるもののうち、ほとんどは「リアルな危険」ではありません。つまり人間は、必ず起こる危険ではなく、「危険を想像して怖がる」**わけです。だからこ

そ、人によって恐怖感に差があるんです。

たとえば、パートナーさんに電話をするのが苦手という場合。いろいろ会話を想像して危険を感じて恐怖がわいている可能性が高い。もちろんそれはリアルな危険ではありません。でもいったん恐怖状態に陥ると、脳のプロセシングパワー（処理能力）がなくなってしまい、自己防衛モードに入ります。それで「電話するか、しないか」の二択から「しない」を選択する。だから経験値が上がらず、苦手意識を克服できません。

メンバーがパフォーマンスを出せない時には、こうした恐怖と自己防衛、そして思考停止の状態＝スタック状態に陥っていると考えたほうがいいでしょう。たとえば「この案件、先週から動いていないよ」と言われた時に、まず「評価されていない」「承認されていない」といった恐怖を感じて自己防衛モードに入ってしまう。そのために「じゃあ、どうしたら動かせるか」という建設的な思考が停止してしまい、いきなり言い訳したり逆ギレしたりするわけです。

ビジネスパーソンの思考停止の原因は恐怖だけではありません。「目標設定能力」と「実行能力」にもかかわる話です。自分で行動目標を設定してそれを実行していく。ビジネスパーソンには必要不可欠な能力ですが、ＩＱ（知能指数）やＥＱ（感情指数）によって規定される面もあります。どれぐらい情報を処理・整理できるか、自制や共感ができるかは、その人のＩＱやＥＱによります。自分のＩＱやＥＱを超えると、どうしても思考停止になってしまうんですね。だから人によって差が出てくるわけです。

ただ、恐怖感にしろ目標設定能力や実行能力にしろ、コーチングによって克服したり高めたりしていけるものです。

どんなハイパフォーマーでも時にはスタックする

どんなハイパフォーマーであっても時にはスタック（停滞）します。「ここまでやってきたけど、本当にこれでよかったのか」と、もやもやすることがよくある。たとえば、「出世したいと頑張って仕事に打ち込んできた。順調に課長になって部長になって、お金も稼いできた。でも、違う気がする。自分が本当にやりたかったことは、これじゃない。もう会社辞めようかな……」と悩んだりします。

自分のモチベーションがしっかりわかっていないから、もやもやするんです。そういう時には、「自分はこの会社から何をもらいたいのか」よく考えて、きちんと言語化したほうがいい。まさにコーチングの出番というわけです。

何がモチベーションになるかは人それぞれです。たとえば、外資系の金融業界で働く人たちは、もっと高い給料がもらえるところがあれば、すぐに転職します。つまり、高い給料をもらえればモチベーションが上がって、同じ会社でもがんがん働き続けるでしょう。

一方、NPOで働く人たちは給料を高くしてもモチベーションが上がりません。「目が輝いている子どもの姿を見たい」というのがモチベーションだったりします。

ハイパフォーマーに限らず、コーチングする時には、その人がこの会社で働き続けるモチベーションは何か、自分で明確にできるように対話することが大事です。

時にはマネジャーとメンバーが一緒に、「そもそも人がパフォーマンスを出すって何だろう？」とか「理想のアウトプットって何だろう？」ということを話し合ってみたらいいと思います。

たとえば、製造工程のパフォーマンスを上げたいのであれば、工場長が「もっと効率的に働け！」と作業員にはっぱをかけるよりも、みんなで夜2時間取って全部の機械を細かく見直すとか、週末に違う工場に行って見学するとか、工場以外で効率化がうまくできているところはどこなんだろうと調べるとか、そういうことをしたほうがいい。

すると、この機械のここにちょっと油を入れたらもっと速く動くかもしれないとか、このボタンとこのボタンの距離が遠過ぎるから近づけたほうがいいとか、ちょっとインターフェースを変えるといいかもしれないとか、無駄を改善する具体的なアイデアがいろいろ出てくるわけです。

要するに、**無駄を解決するには、じっくり考える「一見すると無駄な時間」が必要**なんです。

ホワイトカラーのパフォーマンスも同じことです。パフォーマンスを上げるためには、たまに業務の話を離れて無駄な話をしたほうがいい。もちろん、単なる無駄話ではなく、「お互いに大切にしていることを確かめ合う」といった価値観ベースの話をするのがポイントです。

アンチのアンチで「全然違う答え」にたどり着く

人間は思考が停滞してくると、よくAかB、白か黒になりがちです。そんな**スタック状態を解除するのがコーチングのプロセス**です。

問題をより高いレベルで解決するための有名なコンセプトのひとつに、ドイツの哲学者ヘーゲルの「アウフヘーベン（止揚）」があります。これは、ある問題の解決法が「正＝テーゼ」と「反＝アンチテーゼ」で対立した場合、より発展した解決法（合＝ジンテーゼ）を導くために、どちらの要素も取り込むことを意味します。

僕は、コーチングの対話のプロセスはそれにかなり近いと思っています。

数学であれば、プラスのアンチはマイナス、マイナスのアンチはプラスと、必ず逆方向に戻ります。でも、言語学や哲学の考え方であれば、アンチテーゼは必ず逆になるわけではなくて、アンチのアンチは全く違う方向の答えにたどり着くかもしれない。

たとえば、フェミニズム（女性解放思想）のアンチが仮にマスキュリズム（男性差別撤廃思想）だとしても、マスキュリズムのアンチは必ずしもフェミニズムには戻らなくて、「みんな大事」というダイバーシティにもたどり着けます。

じつは、コーチングによってもたらされる変化とは、そういうものだったりするんです。つまり、アンチのアンチのアンチのアンチのアンチ……と、対話をずっと続けていたとしても、その度に以前と同じものに戻るとは限らなくて、何か全然違う答えが出てくる可能性があるということです。

「性善説」が基本。ただし「境界線」を引く

基本的に、コーチングは「人のための時間」と考えたほうがいい。そして、性善説で接していかないとダメ。**「この人は変わろうとしている、いい結果出そうとしている」という前提でコーチングに臨まないと効果的な対話はできません。**

スタックしてパフォーマンスがよくないのは、その人が「根っからの怠け者だから」ではなくて、自分の仕事を認識していないか、スキルがないか、やる気がないか、状況でやりにくいか、人格的な問題以外のいろんなブロック（障壁）があるからなんです。

ただ、性善説で接したとしても、深層心理の部分になると、どうしても人間の本質的なネガティブな感情に触れてしまいがちです。嫉妬とかプライドとか子どもの頃のトラウマ（精神的外傷）とか。

人間の心の中には「未解決な経験」が山ほどあります。心理学の一学派であるゲシュタ

ルト心理学では「unfinished business（やり残した仕事）」という言い方をしますが、たとえば、子どもの頃、親にウソをつかれてすごく悔しかったとか、親が自分たちのことを棚に上げて自分のことを叱った時に不信感を持ったとか、そういう体験は大なり小なり多くの人にあるでしょう。でも、子どもは親と一緒じゃないと生きていけないので、ほとんどの不満を解決しないで飲み込んでしまう。

そんな「未解決な経験」がトラウマとして残って、大人になってから状況が悪い時とか悲しい時とかに出てしまいます。

そこで問題になるのは、マネジャーがメンバーとプライベートな領域に踏み込んだ対話を持つべきかどうかです。たとえば、「何か悩んでいるみたいだね。ちょっと飲みにいこうか。聞いてあげるよ」という話は「あり」か「なし」か。

マネジャーはこのようなケースにおいてどのように向き合ったらいいのか。すごく複雑な問題です。家族であれば、永続的にそれに向き合って「私はあなたを救います」という関係性になるでしょう。

でも当たり前ですが、会社のマネジャーは家族ではありません。パフォーマンスを出せるようにある程度触れたほうがいいけれども、触り過ぎると逆効果を招くこともあります。

僕自身ももちろん何回か失敗しています。マネジメントの立場で振り返ると、甘え過ぎたというか甘やかし過ぎたというか。アンダーパフォーマーをコーチングしたら「ピョーさんはいい人なんだ」と思ってくれて「私はこんなに苦しんできた。人生は大変だった」と自己開示してくれた。僕は「ここまで言ってくれたから、もう信用できる。この人を変えられた」と期待しました。けれども、結局ダラダラと相変わらずパフォーマンスを出さなかったり、周りの人たちともめたりする。

僕は一生懸命、チームのメンバーに説明するわけです。「あの子はトラウマがあって、でもここまで頑張っているんだ」と。でも案の定、「いや、それはわかるけど、パフォーマンスを出せないなら、やっぱりダメだよ、迷惑だよ」と言われるわけです。そういう反対意見を否定して支え続けたことが何度もあったけれども、今振り返るとやはり大間違いだったと思います。

結局、**マネジャーの大事な役割は、チームで総合的にパフォーマンスを出して、それを高め続けること**です。確かにマイナスのメンバーをゼロにしたら、チーム全体のパフォーマンスが少しはよくなるでしょう。でも、次の2週間でまた元に戻ってしまったら、やはりダメなんです。

要は、**深層心理が複雑過ぎて、仕事の問題ではなくて個人の心理の問題であれば、もう**

そこに触らないほうがいいということです。

コーチングはある程度の壁を作っておかないと、相手にがんがん吸い込まれてしまいます。深層心理が複雑な人だと、コーチングされるのを単に楽しんでいる場合もあるのです。そもそも、日本人は価値観ベースの本質的な話をしない傾向が強い。文化的に、立ち入った話題に触れないほうが美徳と思われています。だから、「ここまで聞いてくれて、ここまで自己開示ができる相手をやっと見つけた」と、運命的な出会いのように感じる人が必ず現れるわけです。

要は、ちゃんと境界線を作っておかないとダメなんです。**「ここまではマネジャーの仕事だから話を聞く。そこから先は、もう深入りしない」という境界線。**だから、もし「未解決な経験」が対話の中に出てきて、いまだにもやもやして悩んでいるのであれば、「専門家に相談したほうがいいですよ」と、ストレートに伝えたほうがいいと思います。

大手企業であれば、心理カウンセリングルームのような相談窓口もあります。「全然恥ずかしいことじゃない。専門家に相談している人もたくさんいるから、あなたも使ってみたら？」と丁寧に促すことが大事でしょう。

マネジャーには「メンタルヘルス」の基礎知識も必要

僕は今の時代、よりよいコーチングをするためには、ビジネスの知識に加えてメンタルヘルスの知識が必要だと思っています。「健康経営」とか「メンタルヘルスマネジメント」とか、いろんなキーワードで言われていますが、マネジメントの立場にいる人には、ある程度、そういう基礎知識も必要だと思うんです。

先日も、ある会社の若手から「意見を言える上司と言えない上司がいて、その差が大きい」という悩みを聞きました。よくありがちですが、「言える上司」には何でも話せるけれども、「言えない上司」に対しては生理的な拒否反応が出て、「もう無理、何も話せない」と。

すごく残念なことですが、どこの会社でも「人間らしさ」をどこか失っている人が少なくないのです。そこで上司と部下、両者にいろいろ深い話を聞いたら、やはりどちらも深層心理が働いていることがわかった。それが社内に非建設的な状態をもたらしていました。つまり、それぞれの「未解決な経験」が嫉妬、行き過ぎたプライド、恨みなどのおおもとにあって、社内のコミュニケーションを困難にしていて、個人と会社の成長の妨げになっているわけです。

それをどういうふうに解決していくか。当たり前ですが、どれくらいスキルや知識があるのかと同じように、どれくらい心に余裕があるのかというのは人それぞれ違います。

多くの日系企業では、採用プロセスでも評価のプロセスでも1 on 1でも、「あなたはここにいるべきではない」ということが言いにくい。外資系のような「パフォーマンスを出さない人を解雇する」という考え方ではなく、基本的にはメンバーシップ型で終身雇用がベースになっています。だから、この人はもうずっと悩んでいて変わらないとか、もやもやしていてよく休んでいるとか、精神状態がよくないということが直感的にわかっても、タブーのようになっていて率直な話ができないわけです。

過重労働に耐えていた人が自ら死を選ぶといった悲しい事件も起きていますが、そのような場合、その人からは信号がいっぱい出ていたはずなんです。自ら死を選ぶということは、メンタルがかなりよくない状態です。でも、マネジャーは信号に気づかず、動いてもいなかった。率直に話せる企業文化であれば、そのような悲劇は起こらなかったかもしれません。

だからこそ、メンタルヘルスも含めた総合的なコーチングが必要なんです。じつは企業文化の改革には、そうした仕組みづくりまで含まれているわけです。

好奇心を持ちながらも、相手の感情に反応しない

深刻なメンタルヘルスの問題を別にすれば、結局は、「その対話によって何をしたいか、どんなアウトプットを出したいか」ということが大事です。

たとえば、2人で何か意思決定をするためには情報共有が不可欠です。ところが、今このミーティングの30分間で、情報を共有してどっちにするか決めなきゃならないのに、相手がいきなり「おまえは！」と全く関係ないことでケンカを売ってきた。そういう時に「うわー」と自分も攻撃的になったらダメ。

まず気をつけなければいけないのは「相手の感情に反射的に反応しない」ということ。自分のゴール（この場合は、時間内に情報共有と意思決定というアウトプットを出すこと）を保ちつつ、ひとまず相手の感情を受け止めなければいけません。

僕の場合は、相手が感情的に言ってきた時には「ああ、面白い！　これって何が起きて

んだろう？」と、まず好奇心がわいてきます。ワンワンとほえているペットのワンちゃんに対しては攻撃しないでしょう。まず「何かあったの？　何でそんなにテンション高いの？」と思うはずです。あれと同じ感じで、決して攻撃的な反応はしません。

でも多くのマネジャーは、攻撃的になっているメンバーに対して反射的に反応しがちです。「なんだ、その言い方は！」などと同じように攻撃的になったりする。

人間にはそれぞれの感情、それぞれの瞬間があります。だから、まず相手に集中して「今、こんなに感情的になっているのは、どうしてだろう？」と好奇心を向ける。そして「どうしたの？　あまりにも普段と違うじゃない？」とか「何かありました？　何か違和感があるの？」とか、冷静に尋ねる。つまり、**まずは相手の感情の裏にあるものを教えてもらう対話に集中する必要がある**わけです。

それを話しているうちにネガティブな感情は必ず収まってきます。場合によっては20分以上かかるかもしれない。でも、そうやって感情を吐き出してしまうと、相手は「あ、ちゃんと聞いてくれているんだ」「受け入れてくれているんだ」と逆にポジティブな感情を持つようになります。

そうなったところを見計らって「じゃあ、今日これを決めなきゃならないんだけど、あと5分しか残っていないんで、どうする？」と切り出す。すると「いや、わかった。じゃあ、Aにしよう」とか、最終的にはそういう建設的で創造的な会話になります。

とりあえず感情を吐き出してもらう対話で、ネガティブな感情を解除すれば、頭の整理ができて、すっきりした状態で意思決定ができます。それなのに「ちょっと待って。もう今日はそんな話じゃないんだよね。今はこの意思決定をするミーティングなんだから、まず決めようぜ」などと、感情を解除しないまま話を進めようとすると、さらに相手は感情を爆発させてしまうでしょう。

第5章
チームを「ハイパフォーマー集団」に変える

チームの「集合知」を高める

「集合知を作る」というのもマネジャーのすごく大事な役割です。Googleなど、ハイパフォーマンスを出している企業には、ちゃんとマネジメントチームという仕組みがあります。

マネジメントチームというのは、たとえば、1人の部長と複数の課長がマネジャーとメンバーの関係で、完全にひとつのチームとして動いています。だから部長は課長をコーチングしたり、予算などのリソースを確保したり、課長を入れ換えたり、新しいチームを作ったりもします。要は、**部長は自分がマネジメントしているチーム、つまり「知恵の集合」によって評価される**わけです。

部長の目標設定で言えば、こうした自分のマネジメントチームにおける役割の目標以外にも、部門の目標もあるし、経営チームのメンバーとしての目標もあります。さらに、

Googleの「20%ルール」（就業時間の20%は本来業務以外に使える仕組み）や、第5章（222ページ）で詳しく説明しますが、当社の「ムーンショット」「ジュピターショット」のような目標設定の仕組みがあれば、新規事業をやってみたい、マーケティングを学びたいといった、個人的な目標を設定することもできるでしょう。

課長も同じです。自分のチームのマネジャーとしての役割や目標、部長チームのメンバーとしての役割や目標があるわけです。

たとえば、アプリ部門のA部長の下に課長が3人いる。B課長はアプリの企画チームを見ている。C課長はプログラミングチームを見ている。D課長はプロモーションチームを見ている。その4人は部長チームとして動く。A部長はプロデューサーとして総合的にアプリ部門を見ています。

B課長のチームの目的はいい企画を立てることですが、B課長自身は部長チームの中で部門の進捗管理の担当も務めている。C課長のチームの目的はいいプログラムを作ることですが、C課長自身は部門の採用も担当している。D課長のチームの目的はプロモーションですが、D課長自身は部門の人材育成の担当者もしている。このような具合になります。

つまり、部長でも課長でも、自分のファンクション（役割、職務）の全部（部内や課内など）における貢献を目標にするわけです。

要するに、**ハイパフォーマンスな企業は全ての階層がチーム単位で、明確な目標を設定し、その達成を目指して動いている**ということです。たとえば、企画のB課長とプロモーションのD課長がもめていたら、A部長はチームマネジャーとして何とか解決しないといけない。プログラミングのC課長が知識が足りなくて困っているという時には、「ちゃんと勉強も必要だよ」とコーチングしないといけません。

これは、課長が自分のチームのメンバーに行っている動きと全く同じですが、日系企業では部長になった途端、自分の直属の部下のマネジメントチームを作らず、チームマネジャーとしての動き方をやめてしまって、集合知を高めていないケースが多いと思います。

「対等なパートナー」を育てよう

さて、チームの集合知を高めるにはどうしたらいいのか。**「シチュエーショナル・リーダーシップ」というマネジメントの理論があります。**マネジャーは、シチュエーション（タスク、プロジェクト、案件など）ごとに、各メンバーのスキル（skill：能力）の高低とウィル（will：意欲）の高低に応じて働きかけ方を変えるという考え方です（図表6）。

たとえば、スキルが高い、ウィルが高いという人には最大限、権限を委譲します。反対にスキルが低い、ウィルが低い人には具体的に丁寧な指示を出す。要は前者のほうがコーチングの世界、後者のほうがティーチングの世界というわけです。

言うまでもなく、スキルもウィルも高い人ばかりなら理想のチームでしょう。それならチームメンバーはマネジャーに刺激を与えてくれる対等のパートナーです。やはりマネジャーが目指すべきは「一緒に結果を出そうぜ、一緒に考えようぜ」というチームなので

図表6　シチュエーショナル・リーダーシップ

		意欲（Will）	
		高	低
能力（Skill）	高	「委任する」 •定期的にほめる/同意する •クオリティ指標を示す •リスクを共に管理する	「励ます」 •タスクの重要性を伝える •感謝を伝える •モチベーションを引き出す
	低	「手を取る」 •タスクを成長機会とする •基本と期待を明確に示す •小まめにフォローする	「指揮する」 •ゴール、プロセス、その理由を明確に説明する •タスクを成長機会とする •理解度を小まめにチェック

す。

ただ、対等なパートナーという関係は、マネジャーの職が取られる事態も起こります。会社の中で「あいつよりいい結果を出している。なのに何であいつがマネジャーなんだ？」と疑問を持たれて、自分の部下が自分の上司になるということが十分にあり得ます。

それを恐れるマネジャーが多いんですね。自分より強いメンバーは管理できないから、自分より強いメンバーを作りたくないというわけです。

でも、これはチームの集合知を高めるのに明らかに逆効果でしょう。そんなことは全く気にせず、**どんどん強いメンバーを育てて、メンバーたちからいろんな刺激を受**

けて、自分もプレーヤーとして大きくなっていけばいいだけです。そのためには「お互いを信頼している」というのがポイントです。

マネジャーは、サッカーチームで言えば、監督であるべき時もあるし、技術的な指導をするコーチだったり、体調管理をするコーチであるべき時もある。さらに、メンバーがプレー中にパニックになった時には、マネジャー自らがプレーヤーとしてすぐにフィールドに入ってプレーすることが求められます。その営みを毎日繰り返すことで、初めてメンバーとの信頼関係が作られていくわけです。

アンダーパフォーマーは自分で「目標」を決められない

集合知を高めるには、前述のとおりチームや個人の目標を明確にすることが重要です。目標設定の仕組みは会社によって違います（図表7）。

ＫＰＩは、経営層で目標が決まってカスケード（階段状の滝）のように上から下りてくるし、ＭＢＯ（個人が主に定量的な目標を設定し、その達成度によって人事評価をする管理制度）は各メンバーによる主体的な目標設定とはいえ、がちがちに上から管理されています。

それに対してＯＫＲは、ハイパフォーマーであれば、完全に自分で作って自分でコントロールすることができます。「今期はこういうプロジェクトを、ここまで、こういうふうにやるということで、どうですか？」「いいんじゃない、すてき！」という感じで、５分ほどの会話で終わります。

図表7 目標の設定方法が変われば、目的や目指すものも変わる

	MBO Management by Objectives 目標による管理	KPI Key Performance Indicators 重要業績評価指標	OKR Objective and Key Results 目標と主要な結果
定量測定	可能	可能	可能（Objectiveは不可、Key Resultsのみ定量指標を設定）
目的	•パフォーマンス**測定** •目標設定と達成度評価 •組織目標からの紐付け	•パフォーマンス**測定** •目標に必要な設定 •KPIに応じた行動を要求	•パフォーマンス**開発** •目標に向けた進捗を評価 •行動結果を振り返る
困難度	**高くない** （達成度100%が基準）	**高くない** （達成度100%が理想）	**高い** （**達成度70%**程度が理想）
目指すもの	•個人の目標管理**と人事評価**	•ビジョンを見据えた**戦略目標の達成** •既存ビジネスの進行・改善	•より広範な**ビジョン、変化と個人のモチベーション向上による自己実現**
共有性	本人と人事部門、上司のみ共有（業績進捗のみ公開）	本人と人事部門、上司のみ共有（業績進捗のみ公開）	全社で見える化

ただOKRの場合、きちんと目標を設定できないアンダーパフォーマーが出てきます。よくあるのは、非現実的な目標を立ててしまうパターン。コーチングで「ここまでやれるの？」と尋ねても、「はい、これで全然構わないと思いますよ」といった会話になってしまいがちです。「自分で決めて自分で管理して」と言われても、どうすればいいかわからなくて戸惑ってしまいます。

そういう場合は、ティーチングに近いより丁寧なコーチングが必要になってきます。

どちらも一緒に考えて、意思決定をサポートする会話になるのは同じですが、**ハイパフォーマーに対しては、できるだけ本人が自由に自分のゴールを設定するコーチングをする。アンダーパフォーマーに対しては、ある程度選択肢を示して、本人が納得できるゴールにたどり着けるようにする。そういう使い分けが大事**です。

たとえば、相手がゴールを考えられない場合に僕がよく使っているのは、「Aか？　Bか？　どちらでもない？」と選択肢を3つ提示してあげる手法です。たとえば、「転職したい？　社内異動したい？　どちらでもない？」といった聞き方になります。

あるいは、いろいろな選択肢をリストアップしながら、「あり」か「なし」か、そして、その理由を話してもらいます。たとえば、次のように進めます。

「仕事のことで悩んでいます」

「そうですか。転職はどうですか？　あり？　なし？」

「なしです」

「理由は？」

「会社が好きですし、家を買おうと思っていて、転職をするとローンを組めなくなってしまいますし」

「そっか、じゃあ、今の会社でもう少し頑張りたいということですね。社内異動は？　あり？　なし？」

ゴールを決められないのは、意思決定するための価値観や基準を本人が認識してないからです。選択肢の検証を通じて「何が欲しいか？」がクリアになってから、改めて「どうしたいか？」を聞いてあげれば、ゴールを決められるようになります。

チーム全体を引き上げるのが本当のハイパフォーマー

ハイパフォーマーにさらにパフォーマンスを高めてもらうコーチングと、アンダーパフォーマーのパフォーマンスを引き上げるコーチングは当然ながら異なります。

たとえば、スキルが高いけれどもウィルが低い人に対しては、どういうふうに精神的にサポートするかというコーチングをします。

スキルが低いけれどもウィルが高い人にはティーチングが必要です。ひたすら具体的に「これはこういうふうにやってみてね」「これを読んでこの人と話して」「ここまでまとめてください」というふうに伝えないといけません。

スキルが低くてウィルが低い人には、適切なマイクロマネジメントで対応します。「今週はどんな仕事をする？」とか「打ち合わせをする？　いつする？」とか「誰と一緒に行く？　どのアジェンダを持っていく？」とか、そういう会話になります。

要はパフォーマンスを発揮できず、チームの足を引っ張っているようなメンバーに対応するのは、すごく時間がかかるということです。

プロジェクトについての1on1の時でも、ハイパフォーマーは自分でいろんな案件のロールモデルを見つけてきて、自分で学んだいろんな知識をベースにしてマネジャーと議論します。一方、アンダーパフォーマーに対しては、ロールモデルを探すように促すとかロールモデルを示してあげるとか、議論以前に、そういう手間がすごくかかるわけです。

アンダーパフォーマーがいると、必ずチーム全体のレベルが下がります。マネジャーがアンダーパフォーマーに注力して世話したりコーチングしたりすることで、ハイパフォーマーに対する支援が疎《おろそ》かになるからです。

「ハイパフォーマーなんだから、いちいち世話しなくていいのでは」と思いがちですが、決してそうではありません。ちゃんと支援すると、ハイパフォーマーが並みのメンバーを上に引っ張ってくれるようになります。アンダーパフォーマーに対しても、マネジャーが話すよりもハイパフォーマーに話してもらったほうがよい場合も多くあります。つまり、**ハイパフォーマーはマネジャーの支援によって「パートナー」になってくれる**わけです。

なので僕は、ハイパフォーマーを一番よく見るようにしています。先に述べたとおり、ハイパフォーマーにはできるだけ権限を委譲したほうが、より高いパフォーマンスを出してもらえます。そして、単に「全部お任せ」ではなく、「何をやっていくか」について具体的に一緒に考えるプロセス、つまり典型的なコーチングが不可欠です。

ハイパフォーマーの忙しさへの配慮も必要

これまでの僕の経験を振り返っても、どこの会社にもハイパフォーマーとアンダーパフォーマーがいます。ハイパフォーマーは、様々な案件にかかわっていて、プロジェクトリーダーとして動いている場合もあります。そんな時、アンダーパフォーマーの口から出てくるのは、たとえば、こんな便利なエクスキューズ（言い訳）です。

「○○さんが忙しくてフィードバックがなかったから、どうすればいいかわからなくて、仕事が進められなかった」。そして、○○さんがいない時のチームミーティングで、「○○さんが忙し過ぎて、ボトルネックになっている。○○さんが協力してくれないから困っている」という文句を言ったりもするようになる。

でも、そんな言い訳はプロフェッショナルとして失格です。「じゃあ、○○さんのせいで仕事ができなかったんですね」なんて言って、納得できるわけがない。

そんな時は、「すごく便利ですよね、○○さんエクスキューズ。じゃあ、本人に言っておこうよ。あなたのせいで、みんな仕事ができなかったんだって。○○さんはどんな反応をするんだろう？　喜んでくれるかな？」と笑顔で皮肉を言います。第2章（65ページ）で紹介した、認知バイアスを解除するための「挑発」です。

そうしたら、きっと何も言えないはずです。これで「○○さんが忙しいから」という便利なエクスキューズは発生しなくなります。

もちろん、「○○さんがフィードバックしなかったという言い訳は、もう聞きたくありません。本当の理由があれば教えてください」とストレートに伝えてもいいでしょう。

ただ、**気をつけなければならないのは、それが完全にエクスキューズかどうかをしっかり見極めないと、「私が言っていることを全然聞いてくれない！」と、かえって反発を招きかねないこと**です。「もうマネジャーには何にも話さない」となったら最悪です。

だから僕の場合、単に皮肉だけじゃなく「○○さんが忙しいなら、全部○○さんに聞かなくていいんじゃない？　あなたには意思決定権もあるから、自分で決めていい。それで『一人で決めます』とか『これやりました』とかって○○さんに報告する。それで大丈夫ですよ」ということも、合わせて伝えます。

「全部教えて」というサボりを放置しない

加えて注意したいのは、アンダーパフォーマーがマネジャーに内緒でハイパフォーマーにいちいち相談して、教えてもらって自分の課題を解決するというパターン。よくありがちですが、すごくよくないと思います。

たとえば、何でも「○○さん、教えて」とハイパフォーマーにゼロから相談するアンダーパフォーマーがいたとします。そうすると、本人は全く仕事をしなくていい。○○さんが言っていることをそのまま書き出せばいいだけです。それでは学べないし、単なるサボりでしょう。やはり自分で考えて、ちゃんと案を作って「これどう思う？」という状態で相談しないとダメなんです。こんな時、僕なら、○○さんに「案を持ってこない時は、もう反応しないでください」と伝えます。

チームマネジメントでは、このようにメンバーが元に戻れないような状況を作っておくというのがポイントです。そうしないとチームパフォーマンスの好循環は作れません。「全部教えて」というサボりを放置しておいたら、チームは「○○さんが忙しくて時間が取れないからやれなかったんだ」と、平気で言い訳できる悪い環境になってしまう。つまり、マネジャーは「ここまで自分で考えて持ってきてください」ときちんと仕事を進めるうえでのルールを伝えて、行動変容を強く促さないといけないわけです。

要するに、**チームのパフォーマンスが高まるように、その環境を進化させていくというのがチームマネジメントの大きなポイントのひとつ**なのです。

メンバー同士がコーチングし合うチーム文化を育む

マネジャーはずっと自分一人でコーチングするのではなく、メンバーがお互いにコーチングしていける「チーム文化」を作るべきです。

たとえば、当社は僕がしばらく不在にしていても、メンバーだけで会社を回していけると思います。もう僕にいろいろ確認しなくてもいい状態になっています。実際、今でもみんな忙しくて確認し忘れたりすることもありますが、何の問題もない。戦略的に動いているかどうかは、まだ改善点は少なくありませんが、全て「自分のモード」で動けるように、OKRなど仕組みの面でも強く促してきた成果でしょう。

だからチームミーティングなどでもお互いにがんがんコーチングする。特に**ハイパフォーマーのOKRには「メンバーをサポートする」という目標も入っています。**

当社のような小さな会社のほうが大企業よりもメンバーの成長が早い。経営者の僕がいいと思えば、すぐに予算をつけてどんどん海外出張にも行かせるし、何か学びたいことがあれば、すぐに学費を払って研修プログラムを受けさせます。

大手企業では、チームマネジャーの権限の領域が狭いのがボトルネックになって、そういう素早い対応はできません。マネジャーは独断でお金を使えないので、即決で「じゃあ、あなた、お金を出してあげるから勉強してきなさい」ということはできないわけです。

ただ、僕だって誰にでも投資するわけではありません。どういう人に投資するかというと、自分自身が憧れるようなメンバー。すごく才能もあるし、努力もしているし、結果も出しているし、チームのパフォーマンスを総合的に高め続けているという人たちです。ちなみに、投資するのは、給料や研修費用などのようなお金だけではありません。時間や労力といったものも含まれます。

そういうメンバーはみんな「目標設定能力」があります。僕がいなくても、自ら問題点を見つけて解決したり、新しいビジネスモデルを自分で考えて自分で動ける人に対して、集中して投資しているわけです。

一方で、**マネジャーは総合的にチームを育まないといけない。つまり、メンバー全員をちゃんと自走できるレベルまで引き上げることが大事**です。

ハイパフォーマーとの会話はマネジャーの成長機会

もちろん、自分で学んで成長しなくてはならないのは、マネジャーも同じです。

当社には、自分で本を出して、海外の国際会議で発表して、プロジェクトを自発的にがんがん作ってくれるハイパフォーマーもいます。そういう人の場合、当然ながらパフォーマンスが下がるとすぐ見えるわけです。僕はそのメンバーのパフォーマンスが下がるとすぐに手を止めさせて、「どうした？ 疲れた？ 休む？」という会話をします。なぜなら、**ダラダラと長く走り続けるのではなく、スプリント（短距離走）を繰り返してほしい**からです。目の前の仕事から少し離れて落ち着いてもらって、次のスプリントのゴールを一緒に考えてみる。ハイパフォーマーには、こういうコーチングがすごく大事です。

このハイパフォーマーと一緒に新しいゴールを考えることは、マネジャーにとってもよい刺激になります。

僕は、いろんな刺激をくれる人かどうかを、一緒に仕事をしたい人の基準に置いていきます。たとえば、参考になるビジネス書を持ってきて「ピョーさん、この本読んだ？ 最高だよ、どう思う？」とか、プロジェクトの問題を発掘して「これ、長期的に考えると、こうなるんじゃない？」とか、僕に新しい気づきをもたらしてくれる会話ができると、「やっぱりいいな」と思います。

こうした仕組みは、いわゆるオーナーシップの考え方に基づいています。要するに、当事者意識を持っているメンバーは「チームの課題は自分自身の課題」と思って、自ら立ち上がって責任を負い、学習し続けてチームのために何でも一生懸命やるということです。そこには当然、自ら率先してほかのメンバーを支援するフォロワーシップも含まれています。**仲間と協力できない人は結局、当事者意識が持てないまま、チームの足を引っ張るだけ**なのです。

ハイパフォーマーは学習主義で成長意欲が高い

さて、「パフォーマンスを出す社員」とは具体的にどういう人か、「パフォーマンスを出せない社員」とどこが違うのか、改めて考えてみましょう。

圧倒的に結果を出しているビジネスパーソンはよく学んでいます。 つまり、学習主義で成長意欲が高いんです。たとえば、新しい仕事をそういう人に任せるとどうなるか。当然ながら「やったことがないから、どうしよう?」などとパニックになって立ち止まるようなことはありません。

ハイパフォーマーの場合、まずネットサーフィンで似たようなプロジェクトの情報を拾い読みして、「こういう事例があるんだよね、どう思う?」とか、時間があればAmazonで2、3冊本を買って読んで、「これって正しいのかな?」とか、まずマネジャーに相談しにきてくれます。

それで「じゃあ、これだよね」という会話になって、「第一歩はこれをやります」「最初のお客さんとの打ち合わせで、こういう目的でこういう会話をします」などと、自らアクションプランを考えてくれます。

でもアンダーパフォーマーに新しい仕事を振ると、最初から「どうしよう?」と思考停止になって、マネジャーに対して「一から教えてください」となります。こういう姿勢は経験を重ねるとある程度変わるでしょうが、マネジャーはそれをより早く自ら変えるようにコーチングしていくわけです。ただ残念ながら、能力的についていけないケースもあります。

こうした**ハイパフォーマーとアンダーパフォーマーの違いは、仕事を処理するスキルというよりも、目標設定能力の有無にかかわっています。**つまり、アンダーパフォーマーは自分の行動目標=ゴールを設定できない場合が多い。だからマネジャーがいちいちイエスかノーか、AかBか、ゼロかイチかという細かなゴールを明確に示してあげないと動けない。その点、ハイパフォーマーは自ら明確にゴールを設定できるので、自らがんがん動けるわけです。

そして、どちらがマネジャーの頭の中にあるよりよいアイデアを引き出せるかと言えば、もちろんハイパフォーマーのほうでしょう。

じつは人間は、自分の頭の中に何が眠っていて頭の中から何が出てくるのか、自分では予測できません。だからこそ、メンバーがどんどん仮説を持ってきて、いろんな相談をしているうちに、思いがけないアイデアが出てくる。それを生み出す最も効果的な仕組みが1on1、つまりコーチングの時間というわけです。

要するに**ハイパフォーマーは、マネジャーがチームにとって大事な意思決定をする際の、よい相談相手になる**んです。

ハイパフォーマーは期待の範囲を超えてくる

ビジネスチームのマネジャーとメンバーの関係は、家庭での夫婦関係に似ているかもしれません。共働きであれば、朝は夫が子どもを保育園に送って夜は妻が迎えに行くとか、誰が何曜日に食事を作るとか、そういう役割分担のコンセンサス（合意）を得るために、お互いに何を期待されているのか、きちんと話し合わなくてはなりません。これがコーチングやティーチングに相当するわけです。

ただ、食事を作るにしても、毎日いちいち「今日はどうしよう？　何がいいか教えて。作り方は？　材料は？」と聞かれると嫌でしょう。お互いに何が好きかというのをちゃんとわかったうえで、その期待を上回る何度も恋に落ちるようなおいしい料理を作るというのがポイントです。

ビジネスチームのマネジャーとメンバーも、お互い期待の範囲内で動くだけじゃなくて、相手の期待を上回る動きが求められます。

要は、KPI、MBO、OKRという目標設定の仕組みとは関係なく、自分で適切な目標を立てて、それに向かってどんどん進んでいってくれるビジネスパーソンがハイパフォーマーなんです。

大手企業のハイパフォーマーを見ていると、自分の肩書きよりも2つ上のレベルで動いている印象です。現場のメンバーなら課長の課題がわかっていて、自分が課長なら何をやるか、どんなアウトプットを出すかということを考えながら動いている。主任であれば部長の仕事を理解していて、部長の動きを指標にして動いている。これがハイパフォーマーに共通する特徴です。

メンバーに対する「プレッシャー」を使い分ける

当社は、繰り返し述べているように、ボトムアップのOKRで目標設定をしています。どの案件で何をするかという細かな目標も自分で決めて、それを全部メンバーみんなで共有しています。もしそこにたどり着いていないメンバーがいたら、僕だけでなく、ほかのメンバーが気づいて、チームミーティングで指摘できる仕組みになっています。

OKRに限らず、目標を達成できていないことをマネジャーが1on1で指摘する場合には、まずブレーキを踏んで立ち止まってもらうことが大事です。そして、何を期待しているか、何を変えてほしいのかということを、ゼロベースで伝えないといけないでしょう。

その会話の中で、どこにボトルネックがあるのか、きちんと2人で話し合うわけです。ボトルネックは業務の忙しさやほかのメンバーとの関係、プライベートの問題、健康問題などいろいろあり得ます。

マネジャーは「こうしてほしい」ということだけを一方的に伝えるのではなく、「何が起きているのか」というのをきちんと把握して、「あなたはどうしたい?」ということをしっかり確認しないといけません。たとえば、プライベートの問題で忙しいのであれば、いったん仕事を離れて休むのが一番の選択肢になるわけです。

ゴールにたどり着くための仮説がまだメンバーの頭の中にできていない時には、プレッシャーを上げるのではなく、逆にプレッシャーを下げたほうがいい。とりあえず今、自分が抱えている問題を片づけて、頭の整理してもらって、もう一度ゼロベースでゴールを考えてもらう。そのほうがいい結果につながるはずです。

もちろん、単にサボっている場合もあります。

たとえば、週の予定表に「○○社との打ち合わせ準備」と書いていたメンバーに対して、別のメンバーが「抽象的過ぎる」と指摘したとします。さらに、「先週も似たようなこと書いてあったよね。じゃあ、いつ役員と打ち合わせをするの? 打ち合わせにどんな資料を持っていくの? 具体的に何を話すの?」と突っ込みます。でも具体的に答えられなくて、最後に「誰かと一緒に行ったほうがいいと思う。誰がいい?」と聞いたら、「誰でもいい」という返事……。

結局、具体的な行動を確認していけば、サボっているのが丸見えになります。こういうメンバーには、プレッシャーを上げるしかないでしょう。

オンライン、オフラインに限らず、いろんなビジネス講座があります。優良企業の人たちが集まっていて、そこで自社の課題をディスカッションできたりもする貴重な学びの場です。

会社から「このプログラムに参加しなさい」と言われて、会社がお金を出しくれても、全然積極的に参加しないビジネスパーソンもいます。社内研修でも嫌々参加している人はいますよね。そういう人は、おそらくほかのプロジェクトでも同じような態度だと思います。大学でも子どもの頃に通った塾やお稽古ごとでも一緒だったのではないでしょうか。

そういう体に染みついた負のサイクルは、どこかで自分で破らないとずっと抜け出せません。だからマネジャーは相手によって、「やるかやらないか。どちらかですよ」と、厳しい会話をしたほうがいいと思います。

結局、どんな仕事でも結果で評価されるわけです。アンダーパフォーマーに対して「でも、いい人だから」などと部分的に引っ張られて甘くなるマネジャーもいるでしょうが、やはり大間違い。**「いい人がいい結果を出す」ようにコーチングしないと、チームが脱線してしまいます。**

もちろん、これはいわゆる人間関係とは全く関係ない話です。マネジャーは「メンバーを人として扱う」という基本姿勢を忘れてはダメなんです。パフォーマンスが下がっているから人間的に嫌いになるとか、人格否定的な言葉で接するということがあってはならない。

繰り返し「人に優しく、結果に厳しく」と述べました。チームメンバーに対しては、あくまでもアウトプットを見て客観的に評価することが大事で、個人的な人間関係とは切り離して考えるべきです。

だから僕の場合、たとえばチームを去ってもらう時には、客観的な数字を示しながら丁寧に理由を説明して、今後も知り合いとしてつき合っていけることをちゃんと伝えるようにしています。

データの整理・処理能力がないと、パフォーマンスは出せない

ビジネスパーソンにとって「自分なりの仮説を立てること」はすごく大事です。そのために求められるのは想像力ですが、想像するためには、ロールモデルなど参考になる情報が必要でしょう。

たとえば、これからやるプロジェクトAについて仮説を立てる時には、それと似ているプロジェクトB、C、Dという、比較できる事例が必要です。こういう代理情報には、自分の経験に基づいた情報もあるし、IR情報やメディアを読んだり事例を知っている人と話したりして得られる、いわば言語を通じて得られる情報もあります。

もちろん、実際にプロジェクトに取り組み始めてから「見えてくるもの」も貴重な情報です。たとえば、プロジェクトAにかかわってくれる会社に初めて打ち合わせに行った時に、社長が出てきて、役員と担当者が何人か同席している。それで社長がずっと話してい

て、ほかの人たちは黙っていたとします。それは何を意味しているのか。いろいろ考えられます。上下関係が強い会社だとか、社長がきつい性格だとか、担当者と役員は能力不足だとか。うまく仕事を進めていくためには、そうした仮説を確かめることが大事になってきます。

それを確かめるやり方もいろいろあるでしょう。たとえば、その打ち合わせの中で話しやすい人を見極めて、「ちょっとお聞きしたいんですけれども、社長ってどんな方ですか？」と、笑顔でストレートに尋ねると案外答えてくれるものです。

要は、**ビジネスパーソンが仕事で大切にすべき要素のひとつに、自ら仮説を立てて、それを確かめるという営みを繰り返すことがある**のです。

いろいろリサーチして「自分の仮説のここは合っていた、ここは間違っていた」と見極めていく。間違っていたらそれを修正してまた確かめて、本質的な問題に迫っていく。つまり、ビジネスパーソンに求められる仮説を立てて確かめる能力というのは、問題発掘能力でもあるんです。

そして本質的な問題を見極めたら、どこをどういうふうに変えたらうまくいくかということを、また仮説を立てながら実験的にやってみるしかないわけです。

それがビジネスの本質であるからには、やはりデータの整理・処理の能力がないとパフォーマンスが出せないでしょう。データというのは、前述のとおり文字情報だけでなく、自分の経験やほかの人の言動といった情報も含みます。

結局、ビジネスパーソンとしての能力差は、ＩＱやＥＱ、教養、学習してきた環境、人生の経験など、いろいろな要素から総合的に生まれるものでしょう。

ですから究極的には、日々のみんなの動きを見て聞いて、自分で学んでもらうしかありません。たとえば、周りの人たちの経験談から、「これはどういう案件で、どんな競争があって、ライバルはどういう会社か」といったことや、「あの取引先の決定権は誰が持っていて、何に困っているのか」などといった情報を得るのです。それらから、「そうか、こういう時はこれを確かめにいかなきゃいけないんだ」というような学びを得るわけです。

どんな会社でもそんなふうに見て聞いて学べる「土台」があるはずです。大企業であれば、様々な研修プログラムも用意されています。それなのに、全く仮説を立てられないのであれば、ビジネスプロジェクトの世界から離れることを考えたほうがいいのかもしれません。

「ジョブ型かメンバーシップ型か」という議論は無意味

日本では「ジョブ型とメンバーシップ型、どちらがいいか」という議論がよく行われます。でもそれは、あまり建設的な議論とは言えません。そんな**形式の優劣よりも、それぞれの会社が一番結果を出せる仕組みを自分たちでちゃんと考えたほうがいい**のです。

極端なジョブ型だと、たとえばアプリ開発者は、もう開発だけしていればいい。KPIはアプリを開発することだから、プロモーションは関係ない、売り上げは関係ないということになります。「もうアプリを作ったから私の仕事は終わった。あとは勝手に売って」と営業に丸投げして、売れなかったら「営業が動いてくれないから、アプリが売れないんだよ」と言っていれば済むわけです。

逆に、極端なメンバーシップ型だと、アプリ開発者であろうが、ほかの職種と同じ扱いになります。たとえば、アプリ開発者が出社すると、ボスから「ちょっと、急いでこのプログラムを書いてくれ」と頼まれる。「はい、はい」と言われたとおりにやっていると、またボスが席に来て「ちょっとショップに営業に行って」と頼まれる。しょうがないから、電車の中でプログラムを書きながらショップへ。すると、商談中にボスから電話がかかってくる。「今日は会議があるから、何かお菓子買ってきて」と。

これでは、アプリ開発者か営業か総務か全くわかりません。ある程度ジョブディスクリプション（職務記述書：職務の内容や範囲などを明確に示したもの）がないと、何でも仕事を振られるという働き方になってしまいます。

結局、ジョブ型でもメンバーシップ型でも、極端になってしまったら、両方とも悪いわけです。

要するに、**働き方を議論する前提として、まず大事なのは、適切な会社のミッションやビジョン、戦略であり、組織としてアウトプットを出すための仕組み**なんです。

たとえば、アプリ会社の社長なら、来年度は何個のアプリをリリースして、どんな領域で戦うべきかを整理して役員と話し合う。アプリだけじゃなくて、オンラインで提供する会員制のサービスの仕組みを新しく作ったほうがいいとか、リアルのコミュニティビジネスをやったほうがいいとか、いろいろあるわけです。

それでオンラインサロンを10個作ると決めたら、とりあえず社内にも社外にもジョブポスティング（公募）を出して、3月までプロジェクトマネジャーが決まって4月から動ける状況を作る。社内の誰かが手を挙げて、社外からも応募があったら、両方面接する。社内の○○さんのほうが適材であれば、○○さんにやってもらいます。

○○さんの職務はいわばプロデューサーです。なので、オンラインサロンの内容はもちろん、売り方や宣伝の仕方なども決めていきます。企画や開発の部門と具体的にどんなサービスを提供していくか話し合う。営業部とどういうふうに売ればいいか、どういうふうに会員を増やせばいいかすり合わせる。マーケティング部とどういう広告を出せばいいか議論する。要は、○○さんは組織の垣根を超えて一緒にゴール設定をしていくわけです。

こうした○○さんの働き方は、メンバーシップ型なのかジョブ型なのか。結局どちらでもあります。

「ホラクラシー（holacracy）」というマネジメントの考え方もあります。簡単に説明すると、決定権が経営層ではなく、社員みんなに平等にあるという会社の在り方です。ホラクラシーの会社は圧倒的にコミットが強くなります。でも、みんなにちゃんとスキルやモラルがないと、単にそれぞれが好き勝手に動く、仕事の責任が誰にあるかもわからないデタラメな集団になって、結局は崩壊してしまいます。

つまり、**メンバーシップ型でジェネラリスト的な働き方を求めるなら、すごく優秀な社員で、かつ権限委譲などをして会社へのコミットを強くしなければダメ**です。

一方で、あまりパフォーマンスを出せない社員には、すごくドライにジョブ型の働き方をしてもらったほうがいいわけです。仕事を切り出して、「これをやってください」と作業の範囲を限定する。たとえばアプリ会社で、開発部門のプログラマーAさんにはプログラミングだけをしてもらう。それでうまく書けないのであれば、代わりに別のプログラマーに入ってもらいます。

もちろん、Aさんに会社を去ってもらうのではなく、配置を換えて、今度は社内システムの担当をしてもらうというやり方もあるでしょう。

要するに、**メンバーシップ型にしろジョブ型にしろ、ゴール設定や評価のプロセスとタイミング、たとえばOKRや定例のチームミーティング、1on1、権限委譲や解雇や異動など、ちゃんとした会社としての仕組みがなければ、うまくいかない**のです。

会話の質と量次第でチームは劇的に変わる

ハイパフォーマーは、自らコーチングやメンタリングを受ける機会を作っています。積極的に会社の先輩やいろんな外の人と会話をして、いろいろ「振り返り」をしながら頭の中を整理します。

一方、アンダーパフォーマーの中には、せっかくほかの人と会話してもまともな振り返りをせず、むしろ「自分は悪くない」という話を一生懸命に探す人もいます。

飲み屋で隣の席の会話を聞いていると、アンダーパフォーマーだろうなと思える人がよく「ここまで頑張っているのに、何で課長はわかってくれないんだ！」などと、ストレス発散で怒っています。コーチングされたいなんて全く思っていない。飲み仲間から「そうそう、確かにおまえのボスは最悪だよ」と、単に同情されたいだけです。

そうじゃなくて、いいチャンスだから、その課長が何を求めているのか、落ち着いて振り返ったほうがいいと思います。課長は部長に何を言われているのか、課長がどういうふうに評価されているのか、どんなことが課長の支援になるのか。そんな会話ができるなら、ハイパフォーマーになれるでしょう。

要は、**「自分のチームをきちんとサポートしていく」というのがポイント。それは、ハイパフォーマーであれば当たり前のようにやっていること**です。そのようなメンバーはボスに限らず、周りの人たちとの利害関係をちゃんと構築して、しっかりWin-Winな関係を作っています。

チーム内のコミュニケーションも同じでしょう。やはり会話の質と量を高めて、個人の振り返りや好奇心を「集合知」にしていかないと、いいチームは作れません。

たとえばサッカーで、ボールをパスしないという選択はあり得ない。一人でボールを持って走り回っていたらチームは勝てません。パスする時でも、ちゃんと相手が気づいているかどうか、声をかけるとか目線を合わせるとか、お互いに確認して、いいタイミングでパスをするのが当たり前です。

ビジネスチームも同じです。チームで結果を出すためには「あいつと会話しない」というのはあり得ないはずです。でも、平気でそういうことが起こっている会社も少なくありません。嫉妬などネガティブな感情があって、全く会話できないメンバーがいたりするわけです。

またサッカーでは、わざとパスミスになるような蹴り方をするというのはあり得ません。でも、会社では普通にある。「私はちゃんとここまでやって、○○さんに渡したよ。やっていないほうが悪いんだ！」といった会話がよく出てくるでしょう。これは明らかに間違っています。

そんなバラバラの状態では、チームの集合知が高まるはずがありません。**マネジャーは、メンバー内で建設的な会話ができるように、チームづくりをしていかないといけない**のです。

目標設定と実行の仕組みづくりはワンセット

せっかく目標を設定しても、それを達成するアクションプランと実行する仕組みがないとただの夢で終わってしまいかねません。だから僕は、「自分の仕組み化」をすごく重視しています。「もうやるしかない」という仕組みを、自分の中と自分の周りに作っておくのです。

昔話になりますが、メキシコ高原にあったアステカ帝国を16世紀に征服したスペイン人エルナン・コルテスの有名なエピソードがあります。500人しか兵がいない上陸作戦で、彼は航海の途中で船底に穴を開けた。死にたくなければ前に進んで戦うしかないというわけです。

戦いの歴史を見ると、負けるに決まっているようなバッドルートで勝つケースが結構あります。後ろの橋を燃やしておくとか、わざと自分の軍を後ろの山と敵の間に置くとか、いわゆる背水の陣をしく。これは、まさに「もうやるしかない」という仕組みでしょう。

メンバーの目標設定についても似たところがあると思います。つまり**マネジャーは、メンバーの目標設定のサポートをすると同時に、そのアクションプランを実行する仕組みづくりをサポートする必要がある**ということ。要は、コーチングで「もうやるしかない」という状態を作るのがマネジャーの役割です。

実行の仕組みで言うと、どの会社でも「目標設定期間」があって、そこで設定された目標を評価する「評価期間」もあります。

当社では、僕とメンバーが会話して目標を決めるので、「一緒に考えようよ」という1on1の期間があるし、定例のチームミーティングでは、各メンバーがどんな目標を立てていて、何をやっていて、具体的にどういうふうに進んでいるのかといったすり合わせをします。その時々で当然、適切にコーチングしなければいけない。

1on1は、基本的にはメンバーの状態によるものなので、世間話のような1on1になってもいいし、メンバーが「もうピョーさん、ピョーさん聞いて。これ、どうすればいいのか、さっぱりわからないよ」とか「頭が痛くて、今日は仕事できないんだ」とか、そういう愚痴や体調の話になる場合もあります。

もちろん、目標設定のようにきちんとアジェンダがあって「これを決めよう」という意思決定や課題解決の1on1もある。これが1on1の仕組みです。

ちなみに、僕が1on1を行う時には、目標にかかわる事柄などをアジェンダにして、相手によって全然違う話し方をします。積極的な相手にはハードにコーチングする。たとえば、「もう本当にやるかやらないか。まだここまできて、ダラダラするの？」とストレートに伝えて行動を促します。逆に消極的なメンバーには、「どうしたいの？　しっかり考えよう」とソフトなコーチングをします。

「KPI・MBO」の世界と「OKR」の世界のコーチングの違い

KPIやMBOと、OKRとの違いについては、183ページ（図表7）でも紹介しましたが、一言で言うと「方向」です。特にKPIは目標が上で決まって、下のほうへ、順に下りてきます。

たとえば、まず経営層が「今年は5個のアプリを作ってもらいます。3個はビジネス関連のツール、2個は恋愛のコミュニケーションツールです」と具体的な目標（ノルマ）を決めます。それがその下の部長レベルには「これぐらい売れるアプリにしてほしい」という目標になって下りてくる。そして、その下の課長レベルには「こういう企画があるから作ってほしい」と下りてきて、さらにその下のメンバーには「こういう設計をしてほしい」という目標が下りてきます。

結局、会社内の階層のどこを担当しているかによって、個人の目標が自動的に決まります。

たとえば、ビジネス関連のアプリ開発を担当するチームのマネジャーであれば、「ビジネス関連アプリを3つ作る」という数がKPIになります。そして、その下にプログラムを作るメンバーが3人いるのであれば、KPIはそれぞれ「問題のないプログラムを1つ作る」となるわけです。

要するに、**KPIの世界におけるマネジャーの役割は、決められたノルマ通りの結果が出せるように、それぞれのメンバーをコーチングする**ということです。

メンバーとのコーチングの会話は、たとえばこんなふうになるでしょう。

「うちのチームの目標はビジネス関連のアプリを3つ作ることです。それには2つのやり方があって、ひとつは、4カ月に1つずつどんなアプリを作るかを決めて1つずつ完成させる。もうひとつは、まず3個全部のアプリの方向性を決めて、この1年間同時に進める。どっちのほうがやりやすいですか？」

「前者のほうがやりやすいですね」

「じゃあ、まず1つ目は、どんなアプリを出せばいいですか？　来週までに考えてみてください」

ＯＫＲの世界にはノルマがない

ＯＫＲの世界だとコーチングは真逆になります。なぜなら「ノルマが下りてこない」からです。

そしてＯＫＲなら、アプリを５つ作るにしても、これまでのビジネス関連や恋愛ではなく、新しく教育関連や占いをやっていく。あるいはアプリだけじゃなく動画もやっていくといった様々な選択肢があります。「うちのチームが貢献するのは、これぐらいの売り上げとこのミッションです。それにどうやって貢献しますか？」というディスカッションを常にチームで行う。もし「これからは教育関連の動画の領域にも力を入れましょう」となったら、それがチームの目標になるかもしれません。

つまり、**ＯＫＲにおけるマネジャーの役割は「じゃあ、いろいろ一緒に考えよう」と、まずゴールにかかわるアイデア出しを促すこと**なんです。

そういう会話の中で、メンバーのやりたいことがかなり見えてきます。たとえば、Ａさんがアプリ開発に飽きていたら「動画を作ってみたい」と手を挙げるでしょう。その時にマネジャーは「じゃあＡさん、来週の１on１で話して、Ａさん個人のＯＫＲを考えようよ。

頭の整理をしてきてください」と伝える。それで実際にAさんと1on1をして、OKRのドラフトを作ります。

「私は今期、動画領域の新規事業案を作ります。そのためのアクションプランはこうです」というAさんのOKRを作る会話の中で、マネジャーが「これは確かにいい。Aさんだけじゃなく、我々も動画の領域に移行するべきだ」と判断したら、チームミーティングでそれを話します。

「我々は前回のチームミーティングで、アプリだけじゃなく動画の領域に動くべきだという会話をしました。Aさんと話して動画を作るOKRを立てているうちに、うちのチームのOKRのひとつにもしようと考えました。どう思いますか？」と、メンバーみんなに伝えます。

マネジャーはチームからメンバーへ、メンバーからチームへと会話をグルグル回して、チームのOKRを立てるわけです。そして、上のレベルのマネジャー同士のチームでは、メンバーの一人として上役のマネジャーと「うちのチームのOKRは、こういうふうに達成する」という会話をする。そこでもチームとメンバーの会話がグルグル回って、上のレベルのチームのOKRが決まる。そうやって、目標がどんどん下から上に上がっていくんですね。

要するに、**目標設定のコーチングは2つのパターンに分かれるということです。KPIとMBOなら、決まっているゴールを達成するプロセスをサポートしていくコーチングになる。OKRなら、ゴールを一緒に決めていくコーチングになる**わけです。

ルーフショット7割、ムーンショット2割、ジュピターショット1割

当社では、繰り返し言ってきたようにOKRを使っています。だから、メンバーから「これやってみたいんです。やっていいですか?」と言われた時には、本当に意味のあるものであれば「どうぞ」と、何でも認めるボトムアップの文化です。雇用形態はもちろん、いわゆる「ジョブ型」で、「あなたの領域はこれ。だから、これをやってください」という契約になっています。

僕は、全部ジョブディスクリプションに沿って動いてほしいとは思いません。7割はそれに沿ってしっかり結果を出してもらって、残り3割は「自由」にがんがん新しい仕事にトライしてほしいと思っています。

もちろん、自由といっても全くの「好き勝手」というわけではありません。**目標に設定できるゴールの基準は、「ルーフショット」という売り上げに直接関係あるものが7割、「ムーンショット」という売り上げに間接的に関係あるものが2割、「ジュピターショッ**

ト」という売り上げに関係なくていいものが1割と、明確に決めています。

売り上げのほかにも2つの基準があります。ひとつは、社会的なインパクトがあるかどうか。もうひとつは自分やチームがそれによって成長するかどうか。ジュピターショットであれば、売り上げに関係ないけれども、社会的なインパクトか成長につながっていないといけないわけです。

これらの基準を考えながら、それぞれのメンバーが四半期ごとに自分のOKRを作っています。たとえばあるメンバーは最近、広島県の教育委員会の改革プロジェクトにかかわっています。教育委員会なので、あまり利益を出せるプロジェクトではない。けれども社会的インパクトがあるし、本人の学びにもなっています。もちろん、雇用契約を結んだプロノイア・グループのコンサルタントなので、OKRの7割は売り上げに直結するコンサルティング業務になっていて、きちんと成果を出しています。

また、当社は肩書きを勝手に自分でつけていいんです。自分のOKRに合う肩書きをつけたら、それにふさわしいパフォーマンスを出そうと頑張るはずだからです。

僕がGoogleにいた時もそうで、自分のタイトル（肩書き）を自分で決めてよかった。さすがにディレクター（取締役）というのはダメだけれども、コーディネーターとかプログラムマネジャーとかリーダーとかはオーケーです。こういう「自由」も、目標に見合ったパフォーマンスを出してもらうための仕組みのひとつと言えるでしょう。

よくある「サンクコストバイアス」の罠

もちろん、仕組みだけが整っていても目標は達成できないし、そのプロセスにおいてうまくコーチングすることはできません。当然ながら、**アクションプランの実行中には何らかのトラブルが発生するし、それに応じた適切な軌道修正が必要になります。それをサポートするのがまさにマネジャーの役割**です。

第2章で紹介した認知バイアスの一種に、サンクコストバイアス（「既に何の意味もないもの」によって意思決定がゆがまされること）というのがあります。既に多くの資金や時間、労力を投資しているなど、コストをかけ過ぎてしまった物事に対しては、「最後までやりたい」という気持ちが強くなるという認知バイアスです。

たとえば、「あの人とはもう長くつき合っている。今までいっぱい迷惑をかけられて、ずいぶん無理してきた。でも、大事な友だちだから……」とつき合い続ける。別の友だちから「そんなに振り回されて、まだ友だちって呼ぶの？」とか「それって友だちじゃなくて詐欺師だよ」とか指摘されても「いや、でも高校時代からの大切な友だちだから」と受け入れない。よくあるパターンです。

そんな場合でも、人間にはサンクコストバイアスがあると理解していれば、「古くからの友だちという理由でつき合っているだけなら、もう会わないほうがいいかも」と、自分で客観的に考えられるでしょう。

目標達成のプロセスにおけるコーチングでは、この認知バイアスを理解しておくことが大事です。たとえば、「成立させようと頑張っている新規契約の案件がある。お客さんと何度も飲みに行って、いろんな人と交渉して、あともうちょっとで受注できるはずだ」という時に、「でも本当に契約できるの？」と周りから心配される。ありがちな会話ですが、そのような場合は「頑張っているのはわかった。でも、そんなに時間を使って、いつ受注できるの？　もし受注できなかったらどうするの？」などと尋ねます。

マネジャーが「とりあえず先方にストレートに聞いたほうがいいんじゃない？」と提案した時に、相手の心理状態が物事を客観的に考えられるコーチャブルなものであれば、「はい、わかりました」とすぐに先方に確認するでしょうが、サンクコストバイアスに囚われているアンコーチャブルな心理状態だと、「いや、もう絶対、絶対大丈夫。だってキーマンの○○さんと飲みに行っているから、必ず取れるよ」と、確かめようとしません。「いや、そうでもないんだよね。約束しているの？」と言っても「してないけど、もうここまで来たんだから大丈夫だよ」と自信満々。それで「じゃあ、このまま続けよう」という結論になったとします。するとあと1カ月、2カ月、3カ月と、結局は時間がかかる。最悪の場合は失敗に終わります。そこでアンコーチャブルな心理状態の人はどうするか。その失敗にフタをして隠すんです。「自分は何も悪くない、相手が悪いんだ」と何でも人のせいにするタイプにありがちな反応ですが、これもある意味、認知バイアスの影響と言えるでしょう。

コーチャブルな心理状態であれば、そんな最悪の結末のずっと手前で解決できます。マネジャーが「ここまでたくさんチームの時間も使ったし、本当に取れるの？」と言ったら、「確かにねえ。じゃあ、もうストレートに聞いてみる！」と、自ら客観的に判断して、新しいアクションを起こすわけです。

ただし、「じゃあ、もうあきらめよう」という結論は論外で、やはり「次の建設的な一歩」を考えて行動するのが常にコーチャブルでいられる人なのです。

もちろん、マネジャーもサンクコストバイアスの罠に気をつけないといけない。メンバーとの対話を繰り返すことで、本当なら結果を出すために「先方にちゃんと聞いて！」と指示すべき（相手が抵抗するようなら、「なぜ聞きたくないか、聞けないか」を確認し、コーチングすべき）ところを、「せっかくこんなに時間をかけて話したんだから、メンバーを信じて、このまま続けよう」と、結果につながらない判断をしてしまう危険性があるわけです。

「人間にはサンクコストバイアスがある」ということを知っていれば、こうした間違ったコーチングを防ぐことができます。

第6章
コーチングがしにくい状況への対処法

「成長痛」をサポートするのがコーチング

何度もお話ししたとおり、心理的安全性はコーチングの重要な前提であり目的です。ただ、この心理的安全性について、誤解されることがよくあります。ごく簡単に「心理的安全性というのは、社員が自分らしくいられる状態です」と説明すると、「じゃあ、何でも許される状態ですね？」と早合点する人が少なくないんです。

もちろん、そうではありません。組織のチームには「目的と意図」があります。つまり、その目的や意図によって求められる人材の要件やスキルなどが変わってきます。それによる選別がある。要は、**自分らしくいられるけれども、許されない一線がある**ということです。

だから「人に優しく、結果に厳しい」マネジャーがよいマネジャーなんです。**そのメンバーがチームの目的と意図に反している場合には、違うところでご活躍いただいたほうが**

いいと、丁寧にはっきり伝える。そうしないと当人に対して、むしろ非常に失礼だと思います。

「あなたは間違ったところに入った。あなたらしさが発揮できる場所ではないし、ここにいても幸せになれない」というのは、マネジャーがメンバーにきちんと受け入れられる形で伝えるべきことのひとつです。

また、自分らしくいられる状態を「今の自分のままでいい」と勘違いするビジネスパーソンも少なくありません。**「自分らしく」というのは、何の努力もしなくていい、脱皮しなくていいという考え方ではないん**です。

むしろ真逆で、自分らしさを発揮するためには努力が不可欠です。今の自分から脱皮する時にはいわば成長痛をすごく感じます。だからこそ、サポートしてあげるというのがマネジャーの重要な役割になるわけです。**努力していると「困った」とか「すごく疲れた」とか「苦労した」とか「怒られた」とか、そういう成長痛が必ず出てきます。その過程でコーチングが必要**になります。

要は「自分らしく」というのは「人間らしく」ということ。つまり心理的安全性とは、社員が人として成長していける、発展していける状態を意味します。

自然選択説でも突然変異説でも何でもいいのですが、「変わる」ということが人間にとってはすごく大事。「よくなった」「わかった」「成長した」など、いろんな言葉づかいがありますが、その言わんとするところは、結局「怠け者は幸せになれない」ということでしょう。

たとえば、宝くじが当たって大金を手にした人がすぐ仕事を辞める。大きな家を買って、高価な車を買って、お金がなくなって人生を脱線してしまう。なぜ脱線するかというと、努力しなくて済む人生にたどり着いて、自分は今のまま変わらなくていいと思うからです。ずっと引きこもって、一日中ソファーでテレビを見ながらビールを飲んでいる人も同じかもしれない。

それで最終的には、すごく悪い言い方をすると「動物化」してしまう。つまり、「考える」とか「努力する」とかがなくなると、人間らしさがなくなるんです。

人間らしさを失っているメンバーはチームの中ですごく危ない存在です。もちろん、ホワイトカラーもブルーカラーも関係ない。やはり一人の人間として、今やっている仕事にしっかり向き合って、自分の頭で考えながら努力して、ちゃんと結果を生み出すメンバーが望ましいわけです。

性善説9割、性悪説1割でマネジメントする

チームマネジメントは「複雑性」の視点抜きに、成果は上げられないと思います。複雑性というのは、簡単に言うと、因果関係は後づけでしかわからないし、問題が解決されたとしても因果関係がわかるかどうかわからない。だから予測は不可能という考え方です。たとえば、飛行機の墜落事故。まさにカオス（混沌《こんとん》）状態ですが、その原因を明らかにして今後は墜落しないように学ばなければいけません。ただ場合によっては原因がわからないこともあります。残念ながら事故がなくならないのは、そういう複雑性のせいなんです。

さて、**コーチングは「性善説の仕組み」と言えます。基本的に相手の建設的で前向きな気づきを促す営みですから、そもそも「みんな建設的で前向きな人」という楽観的な前提に立たないと成り立たない**わけです。

でも、100％性善説で動いている会社なんて存在しない。社内を全部「善」にしたいと思っているかもしれませんが、ルールからの逸脱やコンプライアンス違反、あるいは、誰々がもめているとか、必ずどこかに「悪」が出てしまいます。

たとえば、Googleは性善説で成功している会社の代表例だと思いますが、決してリスク管理をしないわけではありません。

Googleは、優れたマネジャーの要件のひとつに「部門の枠を越えてコラボレーションを行う」を掲げています。つまり、自分のチームだけでなく、他部署とも連携して、会社全体によい影響を与えることが求められている。お互いに足を引っ張りあうといった問題が起きないように、建設的な行動を促す仕組みが前もってルール化されているわけです。

こうした取り組みは、複雑性の考え方を持たなければ、本当の意味で理解できないと思います。最近、僕はこんな経験をしました。

ある大手メーカーの工場に見学に行った時のこと。受付で、名前と顔写真、それに持っているパソコンのシリアルナンバーを提出するように言われました。工場を出る時に、同じパソコンかどうかチェックしないといけないそうです。

なぜそうなっているのかと尋ねたら、数年前に社員が新しいプロダクトの設計が入っているパソコンを持ち出して、機密データを外部の人間に渡すという事件があって大騒ぎになった。以来セキュリティが非常に厳しくなったとのことでした。

こういう仕組みがないと、やはり会社のルール違反を防ぐことはできないのです。僕は自分が作った会社の社員は性善説で信用しています。ただ悪いことが起きないように、それを防ぐ仕組みもちゃんと用意している。

たとえば、サボっていないかどうかは、定例のチームミーティングでわかるようになっています。金曜に今週は何をやって、来週はどんな動きをするかを報告してもらうし、カレンダーにはその日何をやっているかを書いてもらっています。1on1でも進捗状況の確認をします。雇用契約書には、業務や顧客などの情報管理にかかわる約束を破ったら解雇と、ちゃんと書いてあります。

もちろん、そうしなければみんなが悪いことをするというわけではありません。でも、やはりリスク回避の仕組みは必要でしょう。

僕のスタンスは、9割は性善説で1割は性悪説です。**必ずどこかにリスクがあるから、その予測不可能性を織り込んでマネジメントしていく**という、いわば複雑性の考え方なんです。ただ、相手を疑いすぎると関係が悪くなって、自分を信頼してくれなくなる可能性が高まります。だから、9割信じて1割疑うくらいがちょうどいいと思います。

ハイコンテクストで心理的安全性のないチームが陥る悪循環

多くの企業は「性悪説」に基づいて動いているように感じます。つまり、チームマネジャーはメンバーを疑っているし、メンバーはマネジャーを疑っているのではないでしょうか。

第4章で述べたように、日系企業にありがちなハイコンテクストな文化は「本音」の部分をおもんぱかる忖度《そんたく》文化です。**明確に言語化しない「以心伝心」の曖昧なコミュニケーションは、決して信用を育みません。**そして信用できないからこそ、曖昧な言い方をせざるを得なくなっている。忖度文化はそんな不信感の悪循環に陥ります。

飲み屋に行くと、隣のビジネスパーソンたちが「もう部長って何考えてんだろう?」とか「あの課長、何がしたいのか、意味わかんないよ!」とか、よく文句を言っています。

そんなに気になるなら聞けばいいだけでしょう。ストレートに「もっと教えてください」と。でも上司の顔色をうかがわなきゃならない文化では、「ホントだよな、どうしようもないね……」とか、部下同士のもやもやした会話で終わってしまいます。

ローコンテクストな文化のビジネスパーソンたちは、たとえばこんな会話をしているはずです。「部長は○○の件で満足していないと言っていたよ」「うちのチームが出したあの結果が期待はずれだったんだね」「じゃあ、具体的にどういう修正をすればいいんだろう？　ちょっと考えようぜ！」。こういうストレートな会話のほうが圧倒的によい成果が出せるのは明らかです。

また、最近のマネジャーは「うるさく言うとパワハラになるのでは？」という不安も抱えています。メンバーに厳しいことをストレートに言い過ぎると、すぐ人事や労働組合に持ち込まれて全社的な問題になる。それが「常識」になりつつあります。

この現象は、僕に言わせれば、性悪説で社員を歯車のように使ってきたツケでしょう。だからこそメンバーもマネジャーを人として見なくなってきた。つまり、お互いを「役割」として見ているということです。マネジャー＝会社の歯車、メンバー＝チームの歯車という「役割の関係」が強化されればされるほど、「人の関係」には戻れなくなります。精神的に信じられなくなって、単に歯車として「使うだけ」「使われるだけ」という関係になってしまう。

「セクハラ」もそうです。みんなの前で話せない仕事の案件について、男性のマネジャーが女性のメンバーと二人きりで小部屋で話すことも、お互いに「セクハラでは？」と心配したり怖がったりしている。これはすごく不自然な環境でしょう。

要は、会社が「人が心を開けない場所」になってしまっているわけです。**忖度文化にしてもパワハラ不安にしても、心理的安全性が損なわれている状態**と言えます。

やはり、安心して自己開示できる心理的安全性があるからこそ、残酷なほどの率直さが発揮できるんです。マネジャーからであれば「ここまですごく頑張ってくれたんだけど、あなたの今のスキルでこのプロジェクトを進めるのはちょっと難しいと思う」とか、メンバーからであれば「私にはもうできない」とか、お互いにストレートに言える。これは、ここまで述べてきたようなコーチングの会話や仕組みがきちんと機能している状態です。

逆に心理的安全性がないからこそ、オブラートに包んで、どんどん複雑な会話になったり会話自体がなくなったりする。つまり、適切なフィードバックが伝えられない、もらえないというコーチング不在の状態です。それではチームとしてよい結果が出せないし、メンバーのパフォーマンスも上がるはずがありません。

先にも述べましたが、今日のマネジャーには、ハイコンテクストな文化が色濃く残る中で、それに惑わされることなく、ローコンテクストを前提に建設的な会話を重ね、メンバーに心を開いてもらってコーチングしていくという、より高度なコミュニケーション能力が求められているのです。

リスク管理の仕組みは不可欠

繰り返し述べているとおり、コーチングに限らず、**マネジメントは結局は仕組みの問題**なんです。どういう仕組みを作って、その中でどういうふうに人と人が適切に動くかということ。ただし、仕組み化し過ぎて、「面倒くさい人力」が必要になればなるほど、誰も何もやらなくなります。

もちろん、どんなに面倒くさくても価値を感じていたらちゃんとやってくれるでしょう。たとえば当社は、Googleカレンダーでみんなのスケジュールを共有したり、定期的に1on1を行ったりして、普段から情報共有を積極的に行っています。だから、たとえば僕が助けが必要な時に、Aさんはパートナーさんと話している、Bさんは自分一人で作業しているということがわかって、僕は迷うことなくBさんに電話できる。そのような価値をメンバー全員で共有できているからこそ、仕組みが機能するわけです。

それに、コロナ禍をきっかけに完全テレワークにしましたが、この情報共有の仕組みが定着していたおかげで、何の心配もなく移行することができました。

僕の場合、前述のように「悪」を防ぐ仕組みが1割あるので、サボりは気になりません。たとえば、Googleカレンダーに丸一日「雑務」とだけ書かれていることもあります。その内容は、経費の申請とかプレゼン資料のスライドをデザイン的にきれいにするとか、自分の部屋をきれいにするとかいろいろあるようです。でも、具体的に書かなくて大丈夫です。

そこは9割の性善説で、みんな何かパフォーマンスにつながることをしていると信用しています。部屋をきれいにするのは仕事と関係ないとも思える。けれどもオフィスであれば、勤務時間に作業しやすいように自分のデスク回りをきれいにするでしょう。それと同じで、家で働いているなら家をきれいにするのは、やはりパフォーマンスにつながるわけです。

人によって、自分がパフォーマンスを出すために必要な事柄は異なります。だから性善説で、自分の動きを自分で決められる機会を最大限作っておくことが大事になります。ただ、デタラメが発生しないように、リスク管理や「期待の設定」（ジョブスプクリプションやノルマなどの明示）など、性悪説の仕組みも必要です。

あくまでも「投資対効果」で判断する

コーチングは、確かに性善説の立場で相手のパフォーマンスやポテンシャルを引き出す営みです。しかし、**会社のチームマネジャーが行うコーチングにおいては結局、結果でしか評価できません。**つまり、問われるのは最終的な「投資対効果」です。

効果の中には売り上げだけじゃなく、社会的なインパクトなども含まれます。プロスポーツのチームで言えば、試合に勝つことは当然として、たとえ勝てなくても、チームの価値が上がってスポンサーがついたり、チケットの売り上げが上がったりすることが大事なわけです。それと同じで、会社にとっては売り上げと同じくらい、ブランド効果や世間での評判も大事です。

また、たとえ担当したプロジェクトが失敗したとしても、その経験が次の成長につながるのであれば、投資対効果は決して低くありません。今回はインパクトがなかったけれども、ちゃんと成長して、次のインパクトを作れば十分に取り返せるわけです。

さて、このチームで結果を出せない理由が、極めて個人的なもやもや感によるモチベーションの低下であれば、チームにとって迷惑でしかありません。

僕は以前、こんな会話をしたことがあります。その人は「メンバーとの関係が悪くなって、モチベーションが下がってパフォーマンスを出せなくなった。結果が全てという自覚もなかった」と認めていました。

「じゃあ、どうするの？　このチームで結果を出せない場合は2つの選択肢があります。とりあえず頭を整理してモチベーションを取り戻すか、それともチームから去るか」とストレートに提示しました。そうしたら「頭を整理して、また頑張りたい」と。

そういう場合は、1週間単位でこうした会話の結果を見ます。その結果によっては「去ってもらう」という会話をしなければならない。つまり、とことん結果責任を持ってもらう仕組みです。

僕はアンダーパフォーマーについて、ほかのメンバーに「変わる見込みがある？　改善できる自信がある？」と、ストレートに聞くようにしています。

みんなが無理と思うのであれば、外資系でよく行われている「パフォーマンス・インプループメント・プラン（業績改善プログラム）」に入ります。「会社はあなたにこういうパフォーマンスを求めていますが、その基準に合っていません。なぜならこうだからです」というレター（書面）を渡して、それで1週間ごとに「今週は何をやる、どこまで達成できた」というのをチェックする。その後、パフォーマンス改善ができなければ早い段階で、本人に退職勧奨を行うわけです。

チームはどうしてもアンダーパフォーマーに足を引っ張られます。残念ながら、アンダーパフォーマーにエネルギーを奪われて全体のパフォーマンスが下がってしまうんです。サッカーでもそうです。一人が下手だとパスできないし、ディフェンスも穴になる。そんなチームは必ず負けるでしょう。

ただし、そのメンバーがアンダーパフォーマーだったとしても、それはたまたまこのチームではそうだったということにすぎません。だから、ほかのチームに行って活躍できる可能性がある。そのことを信じて、送り出してあげる姿勢が大切です。

「一匹狼」のハイパフォーマーはいらない

チームのモチベーションを下げる人には、いろいろタイプがいます。たとえば「怠け者」とか「意図的に人の足を引っ張る嫌なやつ」とか「いい人なんだけど能力がない」とか。中でも、ハイパフォーマーだけれども、メンバーと全く協力しない、常に衝突しているような「一匹狼」タイプの人は要注意です。先にも少し述べましたが、**一匹狼は長期的にはチームのマイナスになるだけ**なんです。

たとえば今期、会社全体のパフォーマンスはよくなかったけれども、一匹狼だけがすごくパフォーマンスを出したという場合。会社の選択肢は2つあります。一匹狼に高い評価をつけてボーナスをあげて、残りのメンバーに低い評価をつけてボーナスをあげない。もうひとつは、チームメンバー全員の評価を下げてみんなのボーナスを低く抑える。

僕は、後者のほうが正しいと思います。なぜかと言うと、一匹狼だけが結果を出せたのは、ほかのチームメンバーの足を引っ張ってアウトプットの邪魔をしたからでしょう。

たとえば営業チームなら、一匹狼が持っている仕事のスキル、つまり商品の知識や営業の仕方、マーケットの知識などをしっかりチームに教えてもらえれば、チームのパフォーマンスは総合的に上がったはずです。それをやらなかったから自分の売り上げだけが高くて、チームのほかのメンバーの売り上げが下がったわけです。

こうしたことを伝えた時に、無意識にチームの足を引っ張っているのであれば、自分から反省して「確かにみんなに教えてあげれば、もっと売れたんだよね」となるでしょう。それなら「じゃあ、来期はちょっと研修担当をしますか？」などとも提案できます。それで「やります」と言ってくれるなら、まだ様子を見ていていい。けれども、相手が「研修なんて意味がない。あいつらにスキルがないのが悪いんだ」と言い放つような人の場合には、より丁寧な対応が求められます。人材配置や各メンバーのスキル、人間関係などを考慮し、しっかり様子を見たうえで意思決定する必要がありますが、最悪の場合はチームを去ってもらうという選択肢も視野に入ってきます。

チーム内に態度がすごく悪い人がいたら、当然チームのモチベーションは下がります。

もしかしたら、パワハラやいじめをメンバーにしているかもしれない。それが事実なら、どんなに売り上げが高くても退職してもらわざるを得ないというわけです。

裏返して言えば、今はスキルが低くても、ちゃんと倫理観を持って、問題が整理できて、どんどん学んでいける意欲的な人が望ましいメンバーということです。やはり一匹狼よりも「私はチームのために頑張るんだ。チームと共に結果を出すんだ」とちゃんとコミットしてくれる人のほうが、長期的に考えると圧倒的にいいチームメンバーです。

アンコーチャブルな人は「負のスパイラル」を起こす

一匹狼のコーチングは、アンコーチャブルなタイプが多いので難しい場合があります。

たとえば、NETFLIXのマネジメントについて詳しく紹介したベストセラー『NO《ノー》 RULES《ルールズ》』（リード・ヘイスティングほか著、日本経済新聞出版）には、「並みの成果には十分な退職金を払う」というシビアなメッセージとともに、「ブリリアント・ジャーク（有能《ブリリアント》だが協調性のない嫌《ジャーク》なやつ）は要らない」を徹底して実践しているということも書かれています。

NETFLIXの働き方はとても自由で、すごく現場に権限が委譲されていて、休暇の規定はないし、必要経費やプロジェクト予算の決定なども個人の裁量に任されています。経営情報の共有も広範に行われている。そうじゃないと、素早く意思決定ができないし、大きな成果を上げられないからです。

ただ、メンバーには「それがNETFLIXの利益になるか」という観点から、全てを判断することが求められています。メンバー間の率直なフィードバックを促す仕組みなどもあって、ちゃんとデタラメが起きない構造になっている。だから、ほかのメンバーにフィードバックをしない一匹狼は、どんなに結果を出していても解雇の対象になるんです。

一匹狼は、チームにとって短期的には「結果」の面でプラスになりますが、早晩、社内・社外問わずほかの人とぶつかるので、長期的には必ずマイナスになります。

もちろん一匹狼は、こと自分の仕事においてはハイパフォーマーでしょう。ただその考え方は、あくまでも「チームはどうでもいい、自分さえ結果を出せればいい」というもの。たとえば、「すごくみなさんと一緒にやりたいんです」とチームに入ってきても、実際に仕事で動き出したら、自分が持っている情報を渡さないし、メンバーと会話もしないし、マネジャーに報・連・相もしないということになります。するとチーム全体のモチベーションが下がってしまうわけです。

結局、マネジャーにとって業務の実行管理とモチベーション管理とでは、どちらが難しいかという問題です。明らかに後者のほうが「面倒くさい」というのが僕の結論です。

メンバーのモチベーションが下がると、適切な業務実行ができなくなって、さらにモチベーションが下がり、ますます業務実行に悪い影響が出てきます。

こういう負のスパイラルに陥ったら、まずモチベーション管理をしなければならないわけです。メンバーのやる気を取り戻すためには、やはり何回も個別に会話するしかないんですね。「詳しく話を聞かせて。ちょっとお茶しましょうか？」などと誘って、場合によっては、夜ご飯を食べながら、3時間でも4時間でも会話を重ねます。

単純な業務管理であれば、「このプロジェクトで、いつまでにこれをやってください」とタスクを渡す。それで終わったら「いいね、やってくれたんだね。じゃあ、次はいつまでにこれをやりましょう」と、会話は5分で終わります。一方、モチベーション管理には4時間ものコストがかかります。

だから、たとえハイパフォーマーであっても、一匹狼はチームにいないほうがいいわけです。

要は、**責任感と正義感が強くてコミュニケーション能力やスキルの高い人に自由に動いてもらうというのが、チームにとっては一番**ということです。メンバー全員をそのレベルに引き上げるのは難しいかもしれない。ただ少なくとも、人間力も含めてパフォーマンスを総合的に高め続けたいという「成長意欲」の高いチームにしていくことはできるはずなのです。

もちろん、そのためには「一匹狼にはチームを去っていただく」というようなシビアな対応を可能にする仕組みが必要なのですが。

時には「人事」を巻き込んで、問題解決を図る

何度も「結果が大事」とお話ししていますが、やはり、常にメンバーが最高のパフォーマンスを発揮できる状態を提供することがマネジャーの仕事であり、コーチングの目的です。メンバーの性格や好き嫌いに対して、感情やバイアスを抱くことなく仕事をする必要があります。

たとえばサッカーで、骨を折って動けないプレーヤーを車椅子に乗せて、フィールドに入れるというのは無理でしょう。まず治療やリハビリしてもらって、体調が戻ったらゲームに出てもらう。ビジネスチームにおいて、メンバーのパフォーマンスが急に下がった時のコーチングも、そんなイメージです。

ただし、**アンダーパフォーマンスの状態が長く続いている場合、その行動を変えるコーチングは、そんなに簡単ではありません。**なぜかと言うと、そのメンバーはコーチングを

受け入れないアンコーチャブルな心理状態になっていて、会社という枠組みの中でいろいろ会話しても限界があるからなんです。いわば骨折が慢性化しているわけです。

たとえば、アンコーチャブルになっている原因がメンタルヘルスというケース。そういう場合、カウンセラーのようにそのメンバーの心理状態をよくするというのは、マネジメントにおけるコーチングの機能ではありません。マネジャーが多くの時間を使って、長期的にそのメンバーにいい影響を与えたとしても、短期的にチームのパフォーマンスを下げてしまったら、マネジャーとしては残念な結果と言わざるを得ない。

いくらコーチングしてもパフォーマンスを出さない、全く非協力的ということであれば、人事部門を巻き込んで、問題を解決するために協力してもらったほうがいいでしょう。

いろんな企業の若手のマネジャーを見ていますが、本当にかわいそうだと思います。やる気満々の人がたくさんいるけれども、「問題児」の対応を人事に支援してもらえる仕組みがなかったり、相談相手がいなくて精神的につぶれてしまったりするケースが結構ある。仮に相談相手になってくれそうな人が社内にいたとしても、問題が相手（メンバー）の態度にあるのではなく、自分（マネジャー）のスキル不足にあると思い込んでしまうと、自己開示ができないまま、ストレスがどんどん溜まっていってしまうわけです。

もちろん、きちんとした仕組みがなくても、いい文化の会社はあります。つまり、協力して成果を生み出そうという共通認識が社内で形成されている会社です。

ポーランドの田舎では、子どもたちを村全体で育てます。村の大人はみんな子どもたちを優しく見守っていて、たとえば、子どもがお腹をすかしていたら、隣の家のおばあちゃんがすぐにご飯を食べさせます。日本の田舎の村にもそういう文化があります。

でも都会では、マンションの隣の子どもがお腹がすかしているかどうかには無関心だし、よその家の子どもには何もしない人が多い。それはやはり非建設的な文化だと思います。だから都会でも、みんなが子どもたちを見守って世話できるような要素を取り入れて、建設的な子育ての文化に変えていったほうがいいわけです。

それと同じことで、優秀なマネジャーをつぶさないための、あるいは建設的な支援をするための仕組みをどんどん取り入れていくべきなんですね。もちろん、今の文化で十分に結果を出しているのであれば、その必要はないと思いますが、そんな企業はごく少数でしょう。

「次の道」を探すサポートをする

多くの日系企業にはしっかりパフォーマンスを開発し、適切な成果を適切な手法で出せない社員に建設的に去ってもらう仕組みが整っていません。だからこそ、仕事をしていない人を「窓際族」と揶揄《やゆ》したり、自分から会社を辞めると言い出すように仕向ける「追い出し部屋」を作ったりといったことが起こるのです。そのような習慣がいまだに存在しているとしたら、それは最悪です。

会社にはいろんなステークホルダーがいますが、たとえば株主なら、「ちゃんと持っている株の価値を上げてくれ」と思っている。会社はその要望に応えなければいけません。そういう株主の立場から見ても、追い出し部屋は望ましくありません。僕がある会社の株主だとして、その会社が追い出し部屋を作っていたら大騒ぎをします。全然仕事をしていない社員の給料のために、僕が投資したお金を無駄に使うのですから当然でしょう。

一方で、社員の家族もステークホルダーです。社員は会社を去った後も、家族のためにちゃんと収入を得なければならない。だから会社は追い出し部屋を設けるのではなく、アウトプレースメント（再就職支援）を行う必要があります。退職する前に、次の仕事を探してもらう、学んでもらう、精神的に落ち着いてもらうという機会を、きちんと作らないといけないと思います。

給料を払っているうちに、ちゃんと次の道が見つけられるように、「プロ」のサポートを受けられるような再就職を支援する仕組みが必要でしょう。

実際、アウトプレースメントのノウハウはある程度確立されています。リストラの際に対象者に対してきちんと提供している会社も少なくありません。

それなら株主も理解するはずです。「社員の生活をぶち壊していいから、株価を上げろ、配当を増やせ」とは言えないし、辞めた社員が別の道でちゃんと頑張れる社会のほうが、株主にとっても望ましいわけです。ただし、何もしていない社員に何年も給料を払い続けるという追い出し部屋はおかしいと思います。

本人にとっても追い出し部屋は最悪です。ビジネスパーソンとしての市場価値を下げてしまって、どんどん転職しづらくなるからです。

「この1年、何をやっていたんですか？」と面接で聞かれても答えられない。1年も働いていない人を雇いたいと思う会社があるでしょうか。やはり、これをやっていたという直近の実績があるほうが次の道を探しやすいわけです。

ちなみに、企業向けに再就職の支援事業を行っている人材派遣会社もあります。たとえば、利用企業の対象社員が一定期間、人材派遣会社が用意したオフィスに通って、次の道についてサポートを受ける。そこでは、キャリアコーチングやライフコーチング、求人情報などが提供されます。交流イベントもあって、同じような立場に立っている人同士が情報交換できるようになっています。

もちろん、会社は勝手に社員を捨てられない。いきなり「あなたはクビ。今すぐオフィスから出て行ってください」ということは、日本の法律上できません。それは不適切な経営判断を防ぐためにいい仕組みだと思います。

また、会社を去る人に対して「おまえは最低！」とか「おまえをつぶす！」とか、罵声を浴びせたりするのは、すごく悪い文化だと思います。

ただし、**「この人はこの会社でパフォーマンスを出せない」ということであれば、「定年まで大きなストレス（たとえば、人間関係が合わないとか）を感じながら、無理やり我慢してここにいる必要があるのか」と、ちゃんと自分で考えてもらったほうがいいと思います。**もし会社にいる必要がないのであれば、丁寧に再就職のサポートをして、いいタイミングで去っていただく。人手不足の日本の転職マーケットはいい状況ですし、みなさんが思っているよりも人材を探している会社はたくさんあります。

これは、チームのマネジャーの役割というよりは人事の役割ですが、本人の心の準備を手伝うコーチングはマネジャーにも求められるでしょう。「次、どうしたいの？」という会話の中で、場合によっては「こういう友人がいるから紹介しようか？」といった話もできるはずです。

内部にモチベーションを生み出す

コーチングでは、個人の生き方に結びつく話題に必ず入っていきます。自分は何のために生きていて、その目的の中で仕事にどういう役割があって、どういうふうに自分の仕事を行っていきたいかといった会話になるんです。当たり前ですが、人によってその価値観は様々です。仕事をすごく「使命」と考えている人もいるし、お金を稼ぐ「手段」としか考えていない人もいます。

使命であれば、文字通りライフワークですから、仕事は自分にとって「時間管理」の対象ではなくなるでしょう。毎日、夜遅くまで残業してもいろいろ学びながら頑張っていくし、週末でも勉強会などに行くはずです。一方、お金のための手段であれば、「時給をどういうふうに高くしていくか」という時間管理の考え方になると思います。先にも述べましたが、前者はＮＰＯ的、後者は外資系の金融業界的な発想と言えます。

どちらがよいか悪いかという話をしたいわけではありません。言いたいのは、**「仕事とは何なのか？　何のために働いているのか？」という問いかけに対する答えを自分の中ではっきりさせないと、中途半端な結果しか出せない**ということです。つまりマネジャーも、コーチングするチームメンバーの仕事に対する価値観をちゃんと知っておかないと、パフォーマンスを上げることができません。

ただし、仕事を単にお金を稼ぐ手段と考えている人の中には、「お金は必要だけど、そんなに頑張りたくない」と思っている人がいます。それでは、よりお金を稼げるように成長できないし、チームにも貢献できないし、やはりダメです。

経営者の考え方と労働者の考え方の違いもそうでしょう。会社という組織全体で言えば、最小限のコストで最大限の結果を生み出していく、インパクトや売り上げ、利益を出していくという考え方になります。本来的には、経営者も労働者もそこは変わらないはずです。要は、どちらも会社の中での自分の仕事において、結果責任を負うか負わないかということです。

でも、会社の代表である経営者と違って、会社に雇われているビジネスパーソンは「最小限の労力で最大限の収入を手に入れる」という単純な考え方もできるわけです。残業したくないけれどもボーナスは欲しいし、ボーナスがもらえないなら労力を減らしたい。

「給料が上がらないから、努力しなくていいじゃん」という心理になりがちです。

さて、**コーチングはどちらかと言うと、仕事を使命と考える人を育む営み**です。ライフワークとして結果責任を負って、自ら頑張って成長していけるようにサポートするわけです。

当社では「PLAY WORK《プレイ・ワーク》」というスローガンを掲げています。よく誤解されますが、わいわいがやがや、きゃーきゃー言いながら楽しく仕事をしようという考え方ではありません。僕が目指しているのは、自分の仕事に深く好奇心を持って、ゲームのように「どうしても攻略したい、わかりたい、もっとポイントを取りたい、次のレベルに行きたい」という働き方です。つまり、コーチングは「プレイ・ワーク」を生み出す手法と言ってもいいでしょう。

これは裏返すと、**「お金のためだけに働いているから、別にここじゃなくていいじゃん。もっとお金をもらえるなら違う会社に行くし、全然違う仕事でもいい」という人は、すごくコーチングしにくい**ということです。

「何のために働いているんですか?」「お金です」「もっとお金を得たいのであれば、もっと結果を出してください」といったドライな会話しかできないわけです。

モチベーションの要因は、その人の外部と内部に分けることができます。お金は典型的な外部のモチベーション要因で、ほかの人の目、ほかの人からの承認なども外部です。内部はパッション（情熱）や価値観などです。

コーチングは、どちらかと言うと、その人の内部のモチベーション要因を生み出す手法です。つまり仕事だけじゃなく、総合的に人間として何を重視しているかといったことを、会話を通じて丁寧に考えて言語化していくという時間になります。

だから僕の場合、チームメンバーの1on1では、本人が個人的にやりたいこと、困っていること、悩んでいることなどに、すごく会話の時間を使います。たとえば、次のような「問いかけ」をよくして、相手の内部にあるモチベーション要因を確認していくのです。

- **あなたは仕事を通じて何を得たいのですか？**
- **どうしてそれを得ることが大切なのですか？（理解を深めるために、3回問う）**
- **何をもって「いい仕事をした」と言えますか？**
- **どうして今の仕事を選んだ（選んでいる）のですか？**
- **去年の仕事は、今年の仕事にどうつながっているのでしょうか？**
- **あなたの一番の強みは何でしょうか？**

・私（たち）はあなたをどう支援できますか？

実際、そんな僕との会話を通じて自分なりに内部のモチベーション要因が整理できると、次の1on1までの間、元気に仕事をしてくれます。**「ボスがちゃんと自分を見てくれているんだ」という認識を作るコーチングだけでも、圧倒的な効果が出せる**のです。

自分で自分をコーチングする

繰り返しになりますが、突き詰めると会社の経営者は「最小限のコストで最大限の利益を引き出す」という仕事をしています。コストとは、利益を出すためにかかったお金や時間といったリソースのことです。たとえば、できるだけ人件費を減らして、できるだけ売り上げを増やそうするわけです。中間管理職であるマネジャーも、基本的には経営層からそれを求められています。

ただもちろん、チーム（会社）が出すべき結果は、売り上げだけで測れるものではありません。たとえば、短期的にはすごく売り上げを出しているけれども、メンバーがどんどん体や心を壊していく、辞めていくというのでは、もはやチームとは言えず、何のための集団なのかさえわからないわけです。何をもっていい結果かという議論はじつに奥深く、社会の持続可能性に対する影響や、メンバー（社員）を含む様々なステークホルダーごとに異なるメリットなども考慮する必要があり、結果に対する判断は総合的にならざるを得ません。

ですから、やはり、**チームとしていい結果を出し続けていくには、マネジャー自身がコーチャブルである必要があります。**つまり、グロース・マインドセットを失わず、一元的な判断を下せない状況に常に対応しながら、変化を受け入れていかなくてはならない。コーチャブルでなくなったコーチは、アンコーチャブルなメンバーと同じで、チームを去らなくてはいけなくなるということです。

一方、会社に雇われている目的を持っていない社員（メンバー）は、突き詰めると「最小限の労働で最大限の報酬を手に入れる」ことを目指します。つまり、頑張り過ぎるとロスになる。時給は高いほうがいいし、同じ時給なら楽な仕事のほうがいいわけです。

じつは、「この会社に入ってこういうキャリアを積んでこうなるんだ」とか「自分はこれをやって、こういう価値を生み出すんだ」とか、自分の成長について、長期的に本気で考えている人は残念ながら少ない。

もちろん、特に新卒の採用面接では「私はこういう夢を持っていて……」とか立派なことを言います。でも本音は、「早く帰れて、楽しく仲間と会話できて、高い給料をもらいたい」でしょう。

ただ、性悪説で考えれば、人間は怠け者です。だから、チームの中に「怠けて給料をもらいたい」と考えているメンバーがいてもおかしくない。マネジャーはそういう人の本音の部分も理解しておくことが大事です。

だからこそ、マネジャーは、メンバーに対しても、折に触れて「本当にそれでいいのか？」と価値観ベースの問いかけをしていく必要があるということです。短期的な思考で言えば、「何もしなくても給料が入った、いいね！」となるでしょう。でも、その考え方は非常にアンコーチャブルで、危ないわけです。どんな大企業でも、長期的には今の「安心・安全」の雇用形態が続くとは限らないからです。

「個人事業主の視点」を持っているほうが断然いい

前述のNETFLIXの『NO RULES』という本は日本の経営層の間でも流行っています。これはひとつのシグナルだと思います。

NETFLIXの仕組みはアメリカの金融業界よりも合理的です。圧倒的なアウトプットを出してもらうために「最高の市場価格」で優秀な人を雇うけれども、並みのアウトプットだったら「ありがとう、はい、さようなら」と、最低4カ月分以上の給料を渡して解雇します。また、新たな経営戦略で行くとなったら、パフォーマンスを出している役員でも外して、外部から新しい役員を招へいする。もちろん、圧倒的な結果を出している人は報酬をアップしてつなぎとめます。

こういう雇い方が日本に入ってきたら、特にホワイトカラーワーカーは、ちゃんと自分でプランニングして、自ら頑張ってアウトプットを出し続けないと危ない立場になるでしょう。「はい、さようなら」となった時に、そこで初めて「さて、次はどうしよう？」と考えるのでは遅過ぎます。

だから、これからビジネスパーソンは、マネジャーであるかメンバーであるかにかかわらず、「個人事業主の視点」を持っているほうが断然いいと思います。つまり、「この会社には結果を出すために来ている。そのために適切なプロセスを踏むし、リソースを活用する」という考え方です。そして**大事なのは、「会社にとって、社会にとって、自分にとって意味のあるアウトプットを出す」ということ**です。

個人事業主であれば、自分で自分をコーチングする必要があります。そのためにも、自分自身が常にコーチャブルでいなければならない。ただ、難しく考える必要はありません。コーチャブルであるためのコツは、これまで解説してきたとおりです。それらをベースに、前項（２６１ページ）で紹介した問いかけを自らに対して行い、誰かからフィードバックを得た時にはそれにストレートに向き合い続けるだけでよいのですから。

では最後に、常にコーチャブルであり続けるための最強の「問いかけ」をして、本書を終えたいと思います。ぜひ考えてみてください。

「あなたの仕事が今日がなくなったとしたら、どうしますか？」

おわりに――よきコーチはメンバーとチームの自発性を引き出す

本書の冒頭で掲げた「問いかけ」がありました。

「なぜ一言もしゃべらなかったのが最高のコーチングセッションなのか？」

どうですか？　魔法の謎は解けましたか？　まだもやもやしていますか？

この問いかけに対する答えは、ひとつではありません。「いやいや、そうじゃないよ。こんなセッションが最高だよ」という考え方もありだと思います。

だからあえて、僕なりの考えを書かずに終えることも考えましたが、本書のまとめとして最後に一言だけ。

僕の考えでは、**一言もしゃべらなかったのが最高のコーチングセッションなのは、クライアントの自発性を最大限にまで引き出せているから、**というのがひとつの理由です。

じつは、本書の目的も同じだったんです。実現できたかどうかは、みなさんに判断していただくしかありませんが、読んでくださったみなさんの自発的なアクションの一助になればとの思いで、あれこれとお話ししてきました。

納得できたという方、いや、できなかったという方、様々な感想があるだろうと想像しています。本書を読んでくださった方々が、それぞれに考え、思いを巡らし、実践を通して、自分なりの答えを導き出していただければ、これほどうれしいことはありません。

ただ、自分なりの答えが出ていないことが悪いと言いたいのではありません。自分なりの答えにたどり着けていないということは、自分なりの疑問（すなわち、自分に対する「問いかけ」）がまだ残っているということです。

ぜひ、そんな自分なりの疑問を大切にしてください。自分にしか解けない疑問に挑むことによって、人は成長していくものだと思うからです。


本書を読んで興味を持ってくださった方は、『世界最高のチーム』などの拙著やtwitterの@piotrgrzywacz、facebookの@piotrgrzywaczofficialをご覧いただけたら幸いです。

最後になりましたが、本書は編集の喜多豊さん、高橋和彦さんの多大な協力なしには生まれませんでした。

そのほかに、青木千恵さん、石坂誠さん、岩井睦雄さん、内山智さん、岸本有之さん、久保彩さん、熊倉由美さん、斎藤雄毅さん、島田龍男さん、冨田修さん、永山智彦さん、長谷川誠さん、星野たまえさん、村瀬亮さん、山田茉弥さんにも、この場を借りて感謝申し上げます

2021年11月

ピョートル・フェリクス・グジバチ

《著者略歴》

ピョートル・フェリクス・グジバチ

Piotr Feliks Grzywacz

プロノイア・グループ株式会社代表取締役、株式会社TimeLeap取締役。連続起業家、投資家、経営コンサルタント、執筆者。ポーランド出身。2000年に来日し、ベルリッツ、モルガン・スタンレーを経て、2011年、Googleに入社。アジア・パシフィック地域におけるピープル・ディベロップメント（人材開発）に携わったのち、2014年からはグローバル・ラーニング・ストラテジー（グローバル人材の育成戦略）の作成に携わり、人材育成と組織開発、リーダーシップ開発の分野で活躍。2015年に独立し、未来創造企業のプロノイア・グループを設立。2016年にHRテクノロジー企業モティファイを共同創立し、2020年にエグジット。2019年に起業家教育事業のTimeLeapを共同創立。著書に、『世界最高のチーム』（朝日新聞出版）、『0秒リーダーシップ』（すばる舎）、『世界一速く結果を出す人は、なぜ、メールを使わないのか』『Google流 疲れない働き方』（共にSBクリエイティブ）、『ニューエリート』（大和書房）、『日本人の知らない会議の鉄則』（ダイヤモンド社）、『プレイ・ワーク』（PHP研究所）、『パラダイムシフト』（かんき出版）などがある。

世《せ》界《かい》最《さい》高《こう》のコーチ

「個人《こじん》の成長《せいちょう》」を「チームの成果《せいか》」に変《か》える たった２つのマネジメントスキル

2021年12月30日　第１刷発行

著　　者　ピョートル・フェリクス・グジバチ
発 行 者　三宮博信
発 行 所　朝日新聞出版
〒104-8011　東京都中央区築地5-3-2
電話　03-5541-8814（編集）　03-5540-7793（販売）
印 刷 所　大日本印刷株式会社

Published in Japan by Asahi Shimbun Publications Inc.
ISBN978-4-02-331970-7